История одного путешествия

Гайто Газданов

История одного путешествия

ISNB: 978-1-64439-721-3

ИСТОРИЯ ОДНОГО ПУТЕШЕСТВИЯ

Володя уезжал из Константинополя один, никем не провожаемый, без слез, без объятий, даже без рукопожатия. Дул ветер с дождем, было довольно холодно, и он с удовольствием спустился в каюту. Он приехал на пароход почти в последнюю минуту, и потому едва он успел лечь и закрыть глаза, как пароход двинулся. — Надо все же посмотреть в последний раз на Константинополь. — Он поднялся на палубу. Было почти темно, скользко и мокро; сквозь дождь уходили неверные очертания зданий, ветер бросал брызги воды в лицо; шум порта с криками турок и гудками катеров, влажно раздававшимися сквозь густеющую темноту, стал стихать и удаляться. Володя постоял некоторое время и опять спустился в каюту. — Ну, поехали, — вслух сказал он себе. Он лег и закрыл глаза, но не засыпал, лишь начал дремать; из далекой каюты послышалась музыка. Володя силился разобрать мотив и не мог, и, как всегда в таких случаях, ему казалось, что это нечто знакомое. Потом музыка умолкла, и он задумался, глядя на толстое стекло иллюминатора, пересеченное неправильными линиями дождя.

Затем начался обычный для путешествия ход его мыслей, — всегда один и тот же. Всякий раз, когда ему приходилось уезжать, когда он оказывался либо в поезде, либо на пароходе и начинал ощущать свое полное и глубокое одиночество, — но это было не грустное, а скорее спокойное и немного презрительное чувство, — он думал, что вот теперь, именно теперь, когда он отделен, в сущности, от всего мира и не должен в эти минуты ни лгать, ни притворяться перед собой или перед другими, ни создавать иллюзии чувств, которые были необходимо требуемы особенной условностью человеческих отношений — и которых он на самом деле не ощущал или ощущал их другими, нежели те, за которые он их выдавал, невольно обманывая и себя, и других, — что в это время он яснее представлял себе, все причины и побуждения, руководившие его жизнью, так же, как подлинный смысл тех или иных отношений с людьми. Пока он находился в центре событий, составляющих его существование, пока он сам играл в них какую-то роль, он был лишен возможности правильно понимать их. И только тогда, когда он оставался, — так, как теперь, — совсем один, ему начинало казаться, что все ясно и понятно, как простой логический ход рассуждений. И особенно хотелось остановить и записать, покуда это не исчезло, множество незначительных вещей, воспоминаний, запахов, впечатлений, вызванных из глубокого небытия этим мерным движением парохода и глуховатым звуком волн, бежавших вдоль его крутого борта. Бывали минуты в его жизни, когда он, в остальное время равнодушный ко всему, вдруг испытывал острое сочувствие к людям и вещам, иногда почти вовсе ему неизвестным, иногда чрезвычайно далеким от него — сквозь годы, чужой язык и чуждую национальность; и судьба какого-нибудь голландца, француза или англичанина, жившего много лет тому назад, становилась ему необычайно близка, как жизнь когда-то давным-давно потерянного им брата. Он думал иногда о судьбе нескольких женщин, и с самого давнего времени, чуть ли не с того, когда он впервые прочел об этом, некоторые женские образы неизменно сопровождали его; они меняли свою внешность, представая перед ним во всем своем немыслимом богатстве превращений; и в них оставалось нечто то же самое, что было раньше и всегда, может быть, воспоминание о первом толчке, о начале того движения, которое влачило все время за собой его отстающую, не поспевающую за этим великолепием, слишком бедную и слишком скучную, как казалось Володе, жизнь. Ему казалось, что он принадлежит к людям, которым судьба дала что-то лишнее и тяжелое, что их давит все время и стесняет их движения и еще заставляет считать, что настоящее и то, в чем они живут, это все только случайность и недоразумение; и всю жизнь они бессознательно чего-то ждут, и, что бы ни случилось, это окажется не тем, — и им суждено умереть с этим ожиданием. Они могут быть скептиками, не верить ничему, не хранить никаких иллюзий, и все же есть нечто, мечтательное и далекое, что, несмотря на свою хрупкость, весь свой явный, безумный мираж, сильнее их и их отрицания. Володя вспоминал одну женщину, немку, нервную и истерическую; она была учительницей немецкого языка в гимназии и ставила ему дурные отметки, к которым он относился совершенно спокойно. — Warum wollen Sie nicht arbeiten?[1] — злобно спрашивала она его. Он пожимал плечами и усаживался на свое место; было особенно ленивое, южное лето, сонный воздух был неподвижен; было так тихо в гимназическом саду, где Володя и его товарищи ложились на выгоревшей траве, подстелив одеяло, где они ели дыни и арбузы и говорили о необходимом существовании какого-то одного, абсолютного и неизменного начала, которым объяснено раз и навсегда все, что живет, и все, что может появиться. Им всем было тогда меньше чем по двадцать лет; и они были склонны искать в этом гигантском клубке, чудовищно сплетенном из запахов, разочарований, надежд и неисчислимого количества разнообразнейшей мерзости, — каким Володя потом представлял себе всякую человеческую жизнь, — искать в этом все того же, торжественного, как гимн, необычайно гармонического начала. И вот, однажды днем, встретив Володю в длиннейшем коридоре, учительница немецкого языка вдруг сказала ему: — Вы можете прийти ко мне сегодня после обеда? — В котором часу? — Она назначила ему время, и он явился, недоумевая, зачем она его вызвала. У нее была довольно большая комната, с креслами, диваном, гравюрами; и одну из стен занимал большой кусок черного прекрасного бархата, на котором тонкими линиями тускло сверкающих тонов был нарисован, как показалось сначала Володе, величественный замок над рекой; и только вглядевшись как следует, он увидел, что это был не рисунок, а вышивка, сделанная с необычайным, почти японским искусством. — Это вы вышивали? — Я, — сказала она, вздрагивая: она вообще все время вздрагивала. Она подвинула к нему блюдо пирожных. — Спасибо, я не ем пирожных, — сказал он. Она вспыхнула, сказала: — Ах,

---

[1] — Почему вы не хотите работать? (нем.)

извините, я не знала, — и, раньше чем он успел что-либо сказать, выбежала из комнаты и вернулась с коробкой папирос, которую положила перед ним. Он поблагодарил. — Вы знаете, зачем я вас пригласила? — Откровенно говоря, нет. — Я хочу с вами поговорить. — Если мои реплики могут вас в какой-нибудь степени интересовать... — Она была очень образованной женщиной, прекрасно говорила по-русски, по-французски, по-турецки, по-английски, не считая немецкого и латышского, — она была рижанкой. — То, что я вам скажу, вам покажется, может быть, нелепым и странным. Вы видите эту вышивку, о которой вы меня спрашивали? Я рисовала ее из головы, просто так; сначала нарисовала, потом вышила. И вот, вы знаете, я однажды совершала прогулку по Рейну, и когда мы подъезжали к одному замку, у меня сильно забилось сердце и я сказала моим спутникам, что знаю точно расположение комнат и все входы и боковые двери. Я никогда до того не бывала в этой части Германии. И чтобы проверить это, мы сошли с лодки и попросили разрешения осмотреть замок; я шла с завязанными глазами и говорила, что где находится, и все было точно, за исключением одной двери, которую замуровали около пятидесяти лет тому назад. Это все казалось невероятным моим спутникам; и тогда я показала им эти вышивки, которые я сделала, не зная даже о существовании такого замка.

Потом она рассказала Володе множество других вещей такого же порядка; и его особенно поразило то, что она сказала, что помнит, как была маркитанткой в войсках крестоносцев, в походе Фридриха Барбароссы, и что несколько лет тому назад, в Константинополе, она встретила одного англичанина, которого помнила именно по крестовому походу, — но что он ее не узнал. Она потом уехала из того города, где учился Володя, была в Риге, в Москве, путешествовала по Европе; и Володя был уверен, что всюду ее мучили и преследовали эти неправильные, чужие воспоминания о разных эпохах, в которых она видела себя, точно в далеком и темном зеркале, себя, и это свое такое отдаленное лицо, эту бледную кожу, белокурые волосы и синие, страшные глаза; и то, что об этом по-настоящему знала только она одна, — всем другим это могло только казаться нелепым, — это фантастическое волнение, этот постоянный мираж заполняли всю ее жизнь и делали все окружающее бессмысленным, несвоевременным и скучным. После этого единственного разговора с ней Володя невольно изменил к ней равнодушно-насмешливое отношение. Он не понял, однако, — ни тогда, ни позже, — почему для рассказа о крестовых походах и замке над Рейном она выбрала его, самого ленивого из своих учеников, — любившего больше всего спать и бесцельно гулять и ничего не делать. Никогда потом эта женщина ничем не проявила к нему своего внимания, не разговаривала с ним, не вызывала его и по-прежнему ставила дурные отметки, — и только раз вскользь сказала: — Вы могли бы делать гораздо больше, чем вы делаете, — но это было так туманно и так механически сказано, что явно не имело никакого значения. Но Володя был убежден, что и потом, в дальнейшем, ей все виднелась вечером в пустынном воздухе каждой страны или каждого города, где она находилась, — будь то Константинополь, Берлин, Рига или Москва, — смутно белеющая вдали башня какого-то давно затерявшегося во времени здания, может быть, одной из крепостей, к которой был направлен тяжелый карьер взмыленных, свирепых лошадей крестоносцев. — Я была маркитанткой в обозе Фридриха Барбароссы, — она так просто говорила эту фразу, в тысяча девятьсот двадцать втором году, когда прошли почти бесчисленные дни, почти непредставляемые годы после того, как все покрылось забвением, — чтобы теперь опять призрачно воскреснуть и прогреметь в ее невероятной фантазии. В жизни, которую она вела и которая состояла из преподавания немецкого языка, она была забывчива, растеряна и несчастна, как все фантазеры и мечтатели; она нервничала оттого, что ее объяснения не сразу понимались, что по-немецки можно было говорить с таким ужасным славянским акцентом. Иногда с ней случались истерики в классе; и тогда она особенным движением мизинца поднимала свою правую, как-то заскакивавшую бровь, и ее глаз открывался во всю ширину, — синий, громадный и совершенно пустой в те минуты.

И теперь, вспоминая это нелепое и призрачное существование, Володя подумал, что оно в тысячу раз лучше других, таких счастливых жизней, которые ему приходилось наблюдать. Он сам так часто терял все, что ему, казалось, принадлежало, так много раз замечал, что вот, живешь среди известных людей, связанный прочными отношениями, неподвижный, как раз навсегда задуманный и осуществленный чьей-то волей человек, которого ни с кем нельзя смешать, — живешь и через долгое время вдруг начинаешь понимать, что все это родное и как будто неотделимое от тебя с каждым днем становится все дальше, делается все более чуждо — до тех пор, пока в одну неожиданную минуту, — вот точно проснувшись однажды утром, — не поймешь с безнадежной окончательностью, что и ты чужд всему, в чем живешь, что ты уже не узнаешь ни этих людей, ни этих отношений, ни даже домов и улиц родного города, — и тогда начинается иное странствие и снова длится много времени, пока не наступит следующая минута этого тускнеющего, точно слепнущего взгляда, после которого опять одиноко, гулко и тяжело. Володя так часто терял все это — и не мог к этому привыкнуть, — что существование одной, сквозь всю жизнь проходящей мысли казалось ему недостижимым счастьем; и он никогда его не знал. Л счастливых людей было много, больше даже, чем несчастных. Была, например, эта дама, французская журналистка, жившая в Константинополе; она разговаривала с Володей на самые возвышенные темы, относясь ко всему с неподдельной печалью, все казалось ей сумрачным и грустным. Володя пытался узнать, что ее, сравнительно молодую женщину — ей было двадцать девять лет — погрузило в такой неожиданный пессимизм; тем более, думал Володя, что она обладала редким аппетитом, в чем он убедился, бывая иногда ее спутником в ресторане. Она была очень проницательна и умна, особенно в том, что касалось отношений между мужчиной и женщиной, — в остальном она чувствовала себя несколько менее уверенно, как человек, попавший в незнакомую квартиру. Она сообщила ему, наконец, что разошлась со своим мужем, которого безумно любит, — она так и сказала: que j'aime follement; и всякий раз, когда она о нем говорила, ее обычный, несколько суховатый и быстрый язык вдруг делался медленным и приобретал новые выражения какого-то особенного и печального в своей шаблонности великолепия. Когда он однажды не удержался и заметил ей это, она подняла на него глаза, которые ничего перед собой не видели, и сказала: я боюсь, что вы меня не понимаете, может быть, вы слишком молоды. Потом он с ней не встречался несколько недель; а затем встретил ее как-то вечером, совершенно случайно. Она была непохожа на себя, необычайно весела и оживлена; и он сказал ей: — Я очень рад за вас, у вас такой вид, точно вы получили наследство. — В тысячу раз лучше, — ответила она. — J'ai retrouvé mon mari[2]. Она была искренна и счастлива. — Я вас познакомлю, я скажу, что вы были моим лучшим другом. — Зачем так преувеличивать? Я не мог бы претендовать... — Si, si[3], — перебила она, и ей, по-видимому, стало казаться, что Володя действительно был ее лучшим другом и всегда сочувствовал ее несчастью, — хотя он явно был к нему равнодушен; и он помнил даже, что вопрос, о котором она как-то заговорила с неожиданным простодушием, — именно вопрос о ее физических страданиях от разлуки с мужем, — показался ему нелепым и неприличным в устах женщины, несмотря на то, что это и было, судя по всему, главным в тогдашний период ее жизни. Потом она представила Володю своему мужу, и это было неловко и немного грустно. Это был маленький, лысеющий человек, чрезвычайно самоуверенный, обидчивый и болезненно нетерпимый; и вдобавок он говорил с таким ужасным овернским акцентом, что Володя вначале подумал, что это просто шутливая манера, несколько затянувшаяся; но потом оказалось, что он действительно говорил так и иначе

---

[2] — Я вновь нашла своего мужа (фр.).

[3] — Но это так (фр.).

говорить не мог. Володе стало так неприятно, что даже кофе ему показался невкусным, и он быстро ушел, отговорившись необходимостью идти на свидание, которого не было. И вместе с тем, несомненно, эта женщина была теперь счастлива; и он с недоумением спрашивал себя, неужели можно быть таким нетребовательным, неужели нужно так мало для того, чтобы чувствовать себя счастливым? — Возможно, что я ошибаюсь, — говорил он себе. И он думал, что, наверное, она создала себе какой-то прекрасный миф, к которому не подходит никто, и только у этого человека есть нечто поразительно напоминающее ей ее воображаемого героя, — как в пейзаже скучной и скупой страны вдруг встречается только одна подробность, свойственная воображаемой природе, которую человек любит так давно и постоянно, и это сразу делает близким и родным такой на первый взгляд чуждый и печальный вид. Но сколько он ни искал в этом человеке чего-нибудь, достойного внимания, он ничего не нашел; и, по-видимому, чтобы понять ее несложное и нетребовательное счастье, нужно было обладать ее глазами или ее телом. Володя думал о других людях, которые были по-настоящему счастливы, получив небольшое повышение по службе; о рабочих, совершенно довольных своей судьбой, хотя они проводили десять часов ежедневно в дымных и гремящих мастерских металлургических заводов; эти люди были лишены фантазии, не искали ничего другого, их представление никогда не доходило до возможности увидеть какой-то иной мир, они были счастливы особенным и неподвижным счастьем, — с дурными запахами, подвалами, в которых они жили, плохой пищей, которой они питались. — И еще, — думал Володя, и может быть самое важное, что характерно и для этой французской журналистки и для этих несчастных людей, этого chair à canons[4] — это что они никогда не останавливаются. Они начинают жить, — и тотчас же тысячи забот, задач, требующих немедленного разрешения, личных дел, диктуемых теми или

---

[4] пушечное мясо (фр.).

иными другими чувствами — любовью, вернее, тем, что эти люди называют таким словом, местью, голодом, — занимают весь их досуг, заставляют их совершать множество поступков, ошибок и преступлений, вся чудовищная нелепость и глупость которых может быть только объяснена совершенным отсутствием обдумывания или понимания, — и потом идут нищета, или счастье, или катастрофа, или убийство. И всякий раз, когда какой-нибудь из этих людей в силу вынужденного досуга, — на каторге, в последние годы своей жизни, на своей постели незадолго до смерти или где-нибудь еще впервые остановится и все перед ним станет идти тише, прозрачнее и медленней, — он вдруг начинает понимать всю непоправимую бессмысленность своей жизни. Но они не останавливаются, и даже в последние их часы они все еще по инерции продолжают мечтать или жалеть — мелочно и скучно — и умирают, так и не поняв, хотя бы на секунду, как все это началось бесконечно давно, как проходила жизнь и как теперь — вот все кончается и уже больше никогда ничего не будет, — как у этого константинопольского старика, который поразил Володю тем, что оставлял в мокром асфальте тротуара — это было после дождя — следы босых ног, пять пальцев и пятки, хотя был в ботинках. Володя даже обогнал его и поглядел внимательно на его ноги; старик был обут в лакированные туфли, правда, давно потерявшие свой блеск, но все же сохранившие форму обуви; затем Володя отстал и снова посмотрел на следы, — опять отпечаток босой ноги на тротуаре. И он понял, что от этих лакированных туфель остался только верх, а подошвы не было совершенно. Позже Володя познакомился со стариком и узнал все, что тот мог о себе рассказать. Он учился на «медные деньги», был сыном бедных родителей, давал уроки, голодал, жил в отвратительных меблированных комнатах и мечтал о богатстве и комфорте. Ему повезло — или не повезло, — он начал заниматься коммерцией и со сказочной быстротой разбогател. И потом, когда все, о чем он мечтал, исполнилось, он уже не мог остановиться: все его время было занято финансовыми делами, биржевыми спекуляциями, покупками, продажами, деловыми путешествиями; мельком и случайно было несколько женщин, которых он даже плохо помнил, — кажется, ее звали Зина... — если не ошибаюсь, ее звали Катя... — Это было chemin faisant[5], — не то в гостинице «Метрополь» в Харькове, не то в московской «Астории», потом была гречанка Марика на пароходе, — природа, облака, знаете, море, пролив, — он не чувствовал этого, как следует — ни облаков, ни моря, ни звучности прекрасного слова «пролив», все это было на ходу, этот человек точно быстро ехал мимо своей собственной жизни, — «Астория», «Метрополь», Марика, — и все не мог остановиться. Его состояние все увеличивалось, деньги росли, как во сне, уже было много миллионов, банк, поместья, мельницы, подряды, и вдруг все сразу рухнуло и поплыло; и как ни быстро было его обогащение, разорение шло еще скорее. Стреляли пулеметы в Петербурге, на юге были восстания, война, пожары, революция; и все стало тихо, и все остановилось только в одно апрельское, блистательное утро на берегу Босфора. И не осталось ничего: ни денег, ни забот, ни богатства, ни перспектив, ни необходимости быть тогда-то в Москве, а тогда-то в Киеве. — И тогда я начал понимать, — сказал он. Но в противоположность громадному большинству людей, находившихся в его положении, он не жалел о потерянном богатстве; ему было только обидно, что так незаметно и глупо прошла жизнь. Он вспоминал студенческие времена, и уже здесь, в Константинополе, он начал читать книги, — а книг он не читал очень много лет. Особенно его волновали стихи, и теперь этот старый человек, знавший всю жизнь «покупать», «продавать», «не пропустить», «баланс», «итог», спрашивал Володю, помнит ли он эти строки:

Слабеет жизни гул упорный,
Уходит вспять прилив забот,
И некий ветер сквозь бархат черный
О жизни будущей поет.

---

[5] между прочим (фр.).

Он спрашивал Володю, что тот собирается делать; и, узнав, что Володя уезжает в Париж, просил ему прислать оттуда «Madame Bovary». Володя обещал; но еще до его отъезда старик умер от припадка астмы, — там, где он жил, в глубоком и низком Касим-паше. И Володя представил себе его смерь, поздним и душным константинопольским вечером, в маленьком деревянном доме, — и ночной

Босфор со светлой водой, и астматические, задыхающиеся всхлипывания его собеседника.

Он приехал тогда в Константинополь из Греции, — он ехал в бурную февральскую ночь на каботажном катере через Мраморное море; катер подбрасывали медленные волны, корма его высоко поднималась, и тогда освобожденный от воды винт вращался в воздухе с глухим и тревожным шумом. Точно на сказочном корабле, на нем не было видно ни души, ничей голос не отдавал команды, только тьма и вода, как во сне, и холодное ночное море; он приехал в Константинополь утром, было ясно и прохладно, и синие Принцевы острова все точно плыли из светлой глубины Босфора и не могли доплыть до берегов. Его поразил запах жареного мяса, доносившийся из какого-то портового ресторана, крутые и высокие улицы Галаты и еще особенная константинопольская шарманка с необычайным количеством булькающих переливов мелодии, точно кто-то в такт музыке лил воду из большой бутылки. Поздним вечером того же дня, после «пушной, горячей ванны, одетый в новый и непривычный штатский костюм, — поздним вечером этого дня он пошел в ресторан «Printania» и сидел за столом в зале с танцующим над негритянским оркестром синим дымом от папирос и сигар, слушал звуки модного тогда фокстрота и был совершенно и беззвучно пьян, хотя не пил ничего; и находился в таком состоянии, когда странно меняются предметы, — из большого барабана растет высокая пальма, вместо рояля течет река и только глаза женщин остаются неизменными, как всегда. Было два часа ночи, когда он возвращался домой, темная тишина стояла на улицах, и

11

вдруг до него донесся хрипловатый женский голос, говоривший по-французски с теми неторопливыми русскими интонациями, с какими говорили только в нашей медлительной России и с какими никогда не говорят французы. Володя находил вообще непонятную прелесть в голосе у женщин, — может быть, потому, что они напоминали ему «королеву бриллиантов», Дину, блистательную Дину, появлению которой всюду предшествовали толки о знаменитых ее бриллиантах, о разорившихся на нее миллионерах и о многочисленных самоубийствах, — так, точно одна эта женщина после своего прохождения в каком-либо городе оставляла за собой только дымящиеся развалины и трупы умерших от любви людей; приводились имена, неизвестные, но неизменно звучные, скандальные истории, рассказывающиеся шепотом, и сообщение о том, что на днях в собственном спальном вагоне лучшего в России курьерского поезда Дина приезжает сюда; уже снят весь этаж самого дорогого отеля, уже прибыл ее багаж из заграничных чемоданов; и оставалось предположить, что уже чистится стальной револьверный ствол для очередного самоубийства, однажды ночью, в номере гостиницы, с классической запиской: «В смерти моей никого не винить» — и грузно летит в воздушную пропасть, разверзающуюся под божественными ногами Дины, следующий, невозвратно растраченный миллион.

Он ее увидел однажды под вечер; она проходила по прозрачно-хрустящей аллее кисловодского парка, в белом платье, в белых туфлях; воздушный тюль, как легкие крылья, медленно летел над ее плечами; Володя стоял на краю аллеи, засунув руки в карманы безжалостно разглаженных белых брюк, она прошла мимо него и в течение очень короткого времени смотрела, не замечая его, в его глаза — и тогда он заметил красные жилки на ее белках. Она давно прошла, и давно, все слабея, доносился до него ее низкий голос с легкой хрипотой, — она разговаривала со своим спутником, высоким кавалергардским офицером — а он все стоял в том же положении и не двигался, точно боялся,

12

что первое же движение заставит исчезнуть навсегда эту женщину, эти глаза, этот голос. Кажется, она была очень красива.

И вот константинопольской далекой ночью он услышал такой же низкий, хрипловатый голос другой женщины, которая ему напомнила Дину. Она шла не очень далеко от него и разговаривала с человеком в мягкой шляпе и желтых туфлях. Все это теперь неважно, — говорила она, — я уезжаю в Америку и оттуда уже иначе не приеду, как первым классом и как богатая американка. К черту все это, — сказала она, и так тревожно раздалось в воздухе это медленное, почти ленивое «au diable»[6]. — Я вас понимаю и могу только пожалеть об этом, — ответил мужской голос.

— Au diable, — повторила она. И еще, после долгого молчания, ее голос сказал: — Итак, если вы не очень далеко живете... — и они свернули за угол, где начиналась точно сорвавшаяся вниз и чудом удержавшаяся в падении узкая улица необычной, головокружительной крутизны, из глубины которой медно и тускло блестели в воздухе далекие, желтые огни фонарей. И Володе захотелось тогда пойти за ней и сказать ей много ненужных слов, — все о том, что она посылала к черту, что он так любил и измена чему вызывала у него долгое и томительное ощущение, состоявшее из грусти и чувственности. Он знал наизусть всю историю этой женщины, — тогда все биографии женщин были почти одинаковы: они начались с гимназии или института, проходили сквозь гражданскую войну, иногда они ее не пересекали и терялись навсегда в дыму давно забытых сражений, — но чаще они кончались в Константинополе, Афинах, Вене, Берлине, Париже, Нью-Йорке или Лондоне, в неизменной обстановке русских кабаре, сомнительных цыганских романсов, американских фокстротов, коктейлей, англичан, французов, левантинцев, турок, — и потом гостиница или квартира с чужой постелью и этим невыносимым холодом простынь, который особенно силен,

---

[6] «к черту» (фр.).

когда ночуешь не дома и, может быть, от которого голос делается несколько хриплым, как от простуды, или болезни, или внезапного и необычайно сильного воспоминания.

Когда потом он возвращался к впечатлениям этой константинопольской ночи, ему каждый раз нужно было делать усилие, чтобы восстановить обстановку, в которой это происходило, и особенно погоду. С давнего времени у него образовалась привычка исправлять воспоминания и пытаться воссоздавать не то, что происходило, а то, что должно было произойти, — для того, чтобы всякое событие как-то соответствовало всей остальной системе представлений. И вот, ему все казалось, что в ту ночь в Константинополе была сухая воздушная буря. В самом же деле было очень тихо и душно. Он отчетливо вспомнил тяжелое чувство, с которым вернулся домой и которое даже мешало ему заснуть в течение некоторого времени. Теперь же ему казалось, что константинопольская незнакомка с хриплым голосом была, в сущности, права, и поступала правильно: как иначе она могла бы устроить свою жизнь? Теперь ему вообще все казалось иным. — Да, — сказал он себе, уже засыпая, — итак, это, кажется, просто: не лгать, не обманывать, не фантазировать и знать раз навсегда, что всякая гармония есть ложь и обман. И еще: не верить никому, не проверяя.

Всю ночь шел дождь, утро тоже было дождливое и пасмурное, и только под вечер появилось солнце и стало теплее; установившаяся хорошая погода уже не менялась до Марселя. Володя садился возле самой кормы у борта и следил, как взбивается и шипит пена за винтом, оставляя чуть извилистый и исчезающий, широкий водяной след. Иногда, не очень далеко от парохода, он замечал маленький силуэт нырка, сидящего на воде и уносимого волнами; потом черная птичья голова быстро опускалась; мелькал в воздухе темный задок птицы, и она исчезала в глубине. Или вдруг почти у самого борта парохода, над которым, свесившись до половины, стоял Володя, плыла на небольшом расстоянии от поверхности воды полупрозрачная, громадная медуза, распластавшаяся матовым, стеклянным пятном с медленно движущимися очертаниями. Затем резкий, писклявый крик над головой заставил его поднять глаза: большая белая птица пролетела, пересекая вкось движение парохода; и так же мерно и безошибочно, как билось ее сердце, без устали взмахивала в светлом воздухе своими длинными бесшумными крыльями; потом вдруг растягивала их во всю длину и, перестав ими шевелить, склонив набок все свое тело, стремительно опускалась до поверхности моря и, почти не задевая ее, так же легко и сильно взмывала вверх и потом улетала все дальше и дальше, и уже издалека тускло блестели ее белые перья под лучами солнца.

Первым же поездом из Марселя Володя поехал в Париж, денег было мало, пришлось брать билет третьего класса, и всю дорогу у Володи болела голова от невыгравимого запаха чеснока, которым были пропитаны, казалось, не только пассажиры, но и самые стены вагона. В девять часов утра, не спав всю ночь, с сильной головной болью и дурным вкусом во рту, Володя приехал в Париж. Справившись еще раз в записной книжке, он опять посмотрел адрес брата, который и без того знал наизусть, сел в такси и велел везти себя на rue Boissière. Головная боль сразу стихла; Володя смотрел по сторонам, его поразило сильное движение на улице — в остальном Париж показался ему похожим на все остальные большие города.

Он позвонил у двери дома, в котором жил его брат; улица оказалась неожиданно тихой и несколько сумрачной, и звонок прозвучал особенно резко. Он подождал минуту и услышал мягкие шаги, спускавшиеся по лестнице. Потом дверь приоткрылась и горничная в спальных туфлях — что удивило Володю — показалась на пороге.

— Puis-je voir M. Rogatchev?[7] — спросил Володя.

---

[7] — Могу ли я увидеться с мсье Рогачевым? (фр.)

— De la part de qui?[8]

Володя не сразу понял. Что за черт, de la part de qui? — подумал он, — потом сообразил; дверь все оставалась полуоткрытой, и горничная стояла наполовину на улице, наполовину в доме. — Dites lui que c'est son frère[9], — сказал Володя. При этом его ответе наверху послышались еще одни шаги, затем лестница затрещала под быстро спускающимся грузным человеком, который поскользнулся на предпоследней ступеньке, сказал по-русски «а, дьявол», — и Володя увидел своего старшего брата, Николая, в длинном лиловом халате, небритого, растрепанного, но очень веселого и довольного. Он оттолкнул горничную, втянул Володю внутрь, сказал удивленно и радостно: — Володька, сволочь! — и шумно поцеловал его раньше, чем Володя успел произнести хоть одно слово.

Николай был старше Володи на шесть лет и уехал за границу, будучи уже студентом. Он был и похож и непохож мохнатое его тело было сколочено из совершенно несокрушимого матерьяла — он ничем не болел, все порезы и раны заживали у него с поразительной быстротой. Он был в детстве драчлив, стремителен и до ужаса не любил гимназию, книги, тетради и все, что этого как-либо касалось, убегал с уроков, чтобы кататься на коньках или играть в футбол; во время богослужения в церкви, стоя на коленях, просовывал с необыкновенной гибкостью голову между ног и в таком неестественном положении показывал язык своим товарищам — до тех пор, пока однажды это не увидел надзиратель и не наказал его. Он был вспыльчив, по всякому поводу лез в драку с кем угодно и ходил с крупными синяками на физиономии, — но никогда не врал и быстро успокаивался, когда ему объясняли его ошибку. Его рассудок не поспевал за его бурными чувствами; но когда это оказывалось необходимо, Николай все понимал быстро и верно, и если хотел учиться, то учился хорошо. Младшего брата он очень любил и считал, что

---

[8] — От чьего имени? (фр.)

[9] — Скажите ему, что это его брат (фр.).

16

заменяет ему отца, — так как отец Рогачев давно не жил со своей женой и ограничивался тем, что посылал ей изредка деньги — каждый раз очень большие, это бывало обычно после крупного выигрыша — и потом не давал о себе знать в течение долгого времени. Чаще всего долгое его молчание совпадало с тем, что в дом Рогачевых приходила какая-нибудь дама с заплаканным лицом и почему-то непременно с черной вуалью и жаловалась матери «этого хулигана», как все официально называли Николая — так и в гимназии о нем говорили товарищи «Колька-хулиган»; только на товарищей он не обижался, успев за несколько лет передраться и помириться со всеми своими одноклассниками, а взрослым говорил дерзости, что приводило в ужас его мать, — итак, дама приходила жаловаться на отца Рогачева, который ее обманул и бросил: и мать Рогачева плакала в такие дни, вспоминая своего неверного мужа, самого очаровательного и умного, и в то же время самого ненадежного человека, которого она знала, неисправимого Дон-Жуана и картежника, не раз проигравшего и выигравшего целые состояния, посетителя бесчисленных клубов, бильярдных, ресторанов, всегда одетого в самый модный костюм, улыбающегося, остроумного и не верящего ни во что на свете, «кроме козырного туза и женской приятности», как кто-то сказал о нем.

Но насколько сам Рогачев был неточен и небрежен в своих обязательствах, настолько его сын, этот самый Колька-хулиган, был безупречен в роли второго отца для своего младшего брата. В последние годы у матери братьев Рогачевых очень ослабело — от какой-то глазной болезни — зрение, она стала почти беспомощна; и Николай, только что кончивший гимназию, стал главой дома — вел все расходы, посылал кухарку за провизией, входил во все подробности хозяйства и делал это, ко всеобщему удивлению, быстро и толково; денег стало уходить меньше, а жить стало лучше. Потом, когда однажды мать привезли домой умирающей — она, воспользовавшись тем, что никого не было, вышла на улицу и попала под трамвай — и через несколько часов скончалась —

умирая в сознании, сказала, гладя жесткие курчавые волосы Николая, стоявшего на коленях перед ее кроватью: — Я знаю, мой мальчик (слезы все *лились*, не останавливаясь, по крепкому лицу Николая), что ты позаботишься о Володе, ты не сердись, что я тебя хулиганом называла, я знала всегда, что ты самый *лучший*, Бог мне дал хорошего сына. — Николай только кивал головой и плакал и все просил: — Мама, не уходи, мама, не уходи, — и сильное тело его дрожало мелкой дрожью — пока, наконец, мать не умерла, и Николай всю ночь, не двигаясь, просидел у холодного и искалеченного трупа.

После ее смерти, приведя в порядок дела, Николай продал небольшой дом, в котором они жили и который им принадлежал, — опекун его, благодушный нотариус с висячими седыми усами, ни во что не вмешивался, — и на эти деньги братья продолжали жить так же, как жили раньше, и Володя по-прежнему ходил в гимназию. Николай давал уроки, потом налег на изучение иностранных языков и обнаружил необыкновенные к ним способности. Когда волна гражданской войны докатилась до их города, Николай, не имевший права, по его словам, рисковать своей жизнью, поступил в штаб британской миссии. В начале тысяча девятьсот двадцатого года он уехал за границу, поселился вместе с братом в Константинополе, и тут с ним случилась неожиданная вещь, когда он единственный раз в жизни забыл о своих обязательствах по отношению к Володе, которому было тогда уже шестнадцать лет. Он встретил англичанку, девушку двадцати лет, в первый же вечер в нее влюбился и сразу сделал ей предложение, которое так ее поразило, что она даже не ответила категорическим отказом. Она жила в Буюк-Дарэ. Николай уехал туда и три дня не возвращался домой и в течение всех этих трех дней, за обедом, за завтраком, вечером, во время прогулки уговаривал Вирджинию — ее звали Вирджиния — в том, что не выходить замуж было бы величайшей бессмысленностью с ее стороны; что он готов для нее на все, что угодно, но если счастье само пришло к нему, то он просто не имеет морального права его выпустить; одним словом, она должна выйти за него замуж. — Ноя здесь одна, необходимо, чтобы мои родители знали хотя бы... — Мы протелеграфируем, — сказал Николай. — Боже мой, такие вещи не делаются по телеграфу, — почти с отчаянием ответила она. Но Николай уже шел к почтовой конторе, поднимаясь наверх по горе со своей всегдашней быстротой, она не поспевала за ним; тогда он легко поднял ее, посадил на плечо — она отбивалась и кричала, что он сошел с ума, — и добежал до почты; оттуда они вдвоем отправили длинную, очень дорогую и очень бестолковую телеграмму в Лондон. На следующий день Николай вернулся в Константинополь, явился домой и застал Володю за чтением романов Уэллса. — Ну, слава Богу, — насмешливо сказал ему Володя, — а я думал, что ты заблудился в городе. — Нет, а вот Вирджиния, — сказал Николай по-русски, беря за руку Вирджинию. Володя поднялся, поздоровался и стал говорить, что он очень счастлив. — Ты совсем заврался, — сказал Николай, — счастлив это я, а не ты.

Вирджиния должна была ехать в Англию, Николай поехал вместе с ней, оставив брата в Константинополе и сказав ему, чтобы он ни о чем не беспокоился... С тех пор он аккуратно, каждые две недели, присылал Володе письмо и каждый месяц — деньги. Из писем Володя знал, что Николай занялся продажей автомобилей — место, которое ему устроил отец Вирджинии, и года через три он переехал в Париж с женой. Прошло пять лет, Володя за это время кончил французский лицей в Константинополе, побывал в Праге, Берлине, Вене, затем снова вернулся в Турцию, где прожил полгода, и, наконец, собрался в Париж к брату и предполагал здесь уже обосноваться надолго.

Николай между тем уже бежал вверх по лестнице, крича брату: — Направо не сворачивай, Вирджиния еще не одета! — потом провел его в столовую, показал, где находится ванная, и сказал, что ровно в десять они пьют чай.

Володя принял ванну, побрился, надел новый костюм, причесался и вышел в столовую, когда Николай и его жена уже сидели за столом. — Какой франт! — сказал Николай. Насмешливые глаза Вирджинии осмотрели Володю с ног до головы. — Очень хорошо, — сказала она, — а галстук вы тоже покупали в Стамбуле? — Oui, madame[10], — полупочтительно, полунасмешливо ответил Володя. — А почему вы это спрашиваете? — Не знаю, в нем есть что-то восточное, — и Вирджиния и Николай, не сговариваясь, расхохотались. — Я вижу, — язвительно сказал Володя, — что вас рассмешить очень нетрудно. Николай просто захлебывался от смеха, Вирджиния смеялась несколько тише, но так же весело и искренно; и по одному этому смеху было видно, что оба очень здоровы, молоды и счастливы. — Ты не обижайся, Володя, — сказал Николай, — она у меня немного насмешливая, но очень хорошая. Но постой, — перебил он себя, прислушиваясь, — кажется, едет барышня. Володя только тогда вспомнил, что Николай ему писал о своей дочери, которой был год. Действительно, через секунду горничная ввезла в комнату коляску, в которой лежала пухлая девочка с синими, удивленными глазами.

После чая, когда Вирджиния ушла, братья остались сидеть за столом.

— Итак, Володя? — сказал Николай.

— Итак, посмотрим, что в Париже.

— Я подумал об этом. Ты не забыл немецкий?

— Нет, помню.

— Английский?

— Хуже, но знаю.

---

[10] — Да, мадам (фр.).

— Хорошо, о французском говорить не приходится.

— Знаешь, Коля, — сказал Володя, вытягиваясь на стуле, — знаешь, у меня иногда впечатление, что я не русский, а так, черт знает что. Страшно сказать, ведь я даже по-турецки говорю, — а потом вся эта смесь — французский, английский, немецкий, — и вот когда от всего этого тошно становится, я всегда вспоминаю русские нецензурные слова, которым мы научились в гимназии и которыми разговаривали с женщинами Банного переулка. Это, брат, и есть самое национальное — никакой француз не способен понять.

— Да, язык у нас хороший, грех жаловаться, — сказал Николай, улыбаясь. — Но я все о деле. Какие у тебя проекты?

— Черт его знает. Буду искать какую-нибудь работу.

— Ну, вот, ну, вот, — хмурясь, сказал Николай, — ты всегда был идиотом. А между тем у меня для тебя есть место. — Николай придвинулся к столу. — Я веду переписку на разных языках. Пришлось снять бюро и так далее. У меня этим заведует человек полезный и старательный, но из-за каждого пустяка он звонит мне по телефону, а у Вирджинии голова болит. Я против него ничего не имею, — оживленно говорил Николай, точно Володя с ним спорил, — пусть работает. Но тебя я поставлю в качестве ответственного руководителя. Поработаешь неделю, поймешь, дело нехитрое. О жалованье мы с тобой условимся: авось не подеремся.

— Ça dépend[11].

— Ну, хорошо. Сейчас я уезжаю; Вирджиния отвезет тебя в бюро, потом заедет за тобой в пять часов. А вечером мы с тобой зальемся. Ну, хорошо, бегу.

И через секунду Николая уже не было в комнате, а через пять минут хлопнула входная дверь. Володя все сидел, не двигаясь,

---

[11] — Кто знает (фр.).

на стуле. Вошла Вирджиния — в маленькой кремовой шляпе, в юбке кремового цвета, в синем, почти мужском пиджаке. — Ну, молодой человек, — сказала она, — едем. Николай просил вас отвезти в бюро. Я в вашем распоряжении.

Они спустились вниз, Вирджиния села за руль автомобиля, небольшого «buick», и сразу, мягко и быстро, поехала вниз по улице, нажимая на акселератор и чуть-чуть не задевая встречные машины. Через минуту автомобиль мчался почти полным ходом, на каждом углу чудом, как казалось Володе, избегая столкновения, прохожие оборачивались, полицейские неодобрительно смотрели вслед. Все так же, почти не уменьшая хода, Вирджиния выехала на площадь Этуаль. Длинное и широкое avenue Елисейских полей поплыло, как во сне, навстречу автомобилю — и тогда наконец Володя сказал:

— Я теперь понимаю, Вирджиния, почему вы вышли замуж за моего брата.

— А?

— Да. Вы такая же сумасшедшая, как он.

Вирджиния улыбнулась и сразу замедлила ход.

Потом ее лицо стало серьезным, и она, точно в раздумье, проговорила:

— Я вас почти не знаю, я вас помню мальчиком в Стамбуле. Но я думаю, что вы не стоите вашего брата. Я его люблю, — прибавила она просто, точно объясняя этой фразой все решительно.

— Я тоже, — тихо сказал Володя, — я очень люблю Николая.

— Я не знаю, как вам объяснить, — продолжала Вирджиния. — Он мужчина, понимаете? Вот если будет кораблекрушение, он пропустит всех женщин и детей и потом утонет. И у него очень сильная воля. Я ведь не сразу его полюбила, он заставил меня выйти за него замуж. Но потом я его узнала. И теперь, —

Вирджиния на секунду остановилась, — если бы он умер, я бы тоже умерла.

Володе было немного странно слушать признания Вирджинии. В его представлении Николай никак не вязался со всем, что говорила Вирджиния, не потому, что это было неверно, а потому, что Володя думал о нем совсем по-иному: это был все тот же, почти не изменившийся Колька-хулиган, драчун и любимец матери. Володя вспомнил почему-то, как мать однажды делала строгий выговор Коле — ему было лет двенадцать, а Володе шесть — и сказала, что ей стыдно иметь такого сына, — и поставила его в угол. Он постоял минут десять, потом вдруг подбежал к матери и уткнул голову в ее колени. — Что тебе? — Мама, — сказал Николай, — я понимаю, что тебе стыдно. Но скажи мне правду: ты меня все-таки любишь? — Глупый мальчик, — сказала мать, — да, ты очень скверный, я знаю, но ведь у тебя нет другой мамы — кто же тебя будет любить? Ступай. — И Николай убежал.

Бюро было большое, прохладное, с кожаными креслами; на стенах висели плакаты вертикальных и горизонтальных разрезов всевозможных автомобилей, фотографии сложных машин с гигантскими рубчатыми колесами; за столиком сидела дактилографистка с красивым, но деревянно-неподвижным лицом и черным accroche-coeur'ом[12] на лбу, необыкновенно почему-то неуместным. Вирджиния даже не поднялась в контору, — которая находилась на втором этаже, — и сказала, что вернется к пяти часам. Володю встретил этот самый старательный француз, о котором говорил Николай, человек среднего роста, совершенно безличный; и даже голос у него был такой, что Вирджиния о нем сказала:

— Всякий раз, когда мне в телефон отвечает автомат: votre correspondant a changé de numero, veuillez consulter le nouvel

---

[12] замысловатым завитком (фр.).

23

annuaire[13], — мне кажется, что я узнаю его голос, и мне хочется сказать: bonjour, M. Dumat, comment allez vous?[14]

Он был убежден в необычайной важности своей работы и в ее чрезвычайной сложности. Почтительно и любезно улыбаясь, он долго излагал Володе самые простые вещи и о каждой из них говорил с увлечением и особенно торжественным языком, точно все это происходило в академии, а не в конторе.

— Видите ли, monsieur, эти досье распределены по номерам. Что такое классификация? — Володя посмотрел на него с любопытством. — Классификация, — продолжал monsieur Dumat; veuillez consulter le nouvel annuaire — вдруг послышалось Володе, — классификация, в сущности, это такая система распределения досье, при которой вы сразу находите имя клиента, как только в нем появилась необходимость. Заметьте, monsieur: как только появилась необходимость. — Володя через полчаса убедился, что все было чрезвычайно несложно. Он, однако, не сказал этого M. Dumat.

В час дня он спустился вниз и пообедал в соседнем ресторане. В пять — с неженской точностью — наверх поднялась Вирджиния. — Бедный мальчик устал? — с насмешливым участием спросила она. Володя ограничился вздохом, и они поехали домой. Николая еще не было, Володя прилег на диван в своей комнате и сразу так крепко заснул, что проснулся только в восемь часов от того, что его за плечо тряс Николай, зовущий его обедать. — Сначала обедать, потом кататься, потом на Монмартр, — сказал Николай. — Реплик не нужно. — Я уже Вирджинии сказал, что вы оба сумасшедшие. — Да, да, — согласился Николай, — не будем спорить. На обед, между прочим, фаршированная утка.

После обеда Володя спустился по лестнице последним.

---

[13] ваш корреспондент изменил свой номер, пожалуйста, поищите его в новом ежегодном справочнике (фр.).

[14] здравствуйте, мсье Дюма, как поживаете? (фр.).

Вирджиния и Николай шли впереди. Вечер был очень теплый, автомобиль тускло сверкал у подъезда. — А кто теперь будет править? — спросил Володя. — Николай не позволяет мне сидеть за рулем, когда он ездит со мной, — ответила Вирджиния. — Я его понимаю, я бы тоже не позволил. — Вы любите неторопливую езду, vous serez bien servi[15], — сказала Вирджиния. Николай бережно усадил ее, раскрыл дверцу перед Володей: — Желаете-с прокатиться, Владимир Николаевич? — сел наконец сам, и автомобиль медленно и плавно двинулся по блестящему асфальту. Володя откинулся назад, Николай обернулся, потом посмотрел смеющимися глазами на Вирджинию, и автомобиль вдруг понесся с чудовищной, как показалось Володе, скоростью: как ни быстро ездила Вирджиния, Николай ездил еще в два раза быстрее. — Ты с ума сошел? — закричал по-русски Володя. Улыбающееся лицо Вирджинии обернулось и тотчас же исчезло, сместившись вправо, и на его месте возникло мгновенно выросшее и пропавшее дерево — Николай въехал в лес. Не замедляя хода, он пролетел по широкой аллее, свернул в глубь леса, поднялся на гору и под сплошным, влажно-прохладным и темным сводом деревьев, освещая путь ослепительными световыми ручьями фонарей, он ехал все дальше и дальше, и прошло всего несколько минут, когда он сказал Володе: — Въезжаем в Версаль, тот самый, с карпами времен Людовика Четырнадцатого.

В этот вечер, проезжая через Елисейские поля и Большие бульвары, поднимаясь по узким и кривым, пахнущим кошками улицам верхнего Монмартра до кабаре «Lapin agile»[16], Володя видел Париж таким, каким потом никогда уже не мог увидеть. Эти все время движущиеся в неведомых направлениях огни, бесконечно смещающиеся световые сферы фонарей и это ни на секунду не прекращающееся движение, точно ритм сказочного, огромного и сверкающего мира, возникшего в чьем-то

---

[15] вы останетесь довольны (фр.).
[16] «Проворный кролик» (фр.).

блистательном воображении и чудесно расцветающего сейчас здесь, перед его глазами, под вырывающимися яркими музыкальными флагами из открытых, зеркально громадных витрин кафе, уносимыми тотчас же легким парижским ветром, — и неповторимо тающий, как ежеминутно являющееся воспоминание, воздух. Много раз потом, проходя или проезжая мимо этих мест, по этим же бульварам, в такие же вечера ранней осени, Володя тщетно пытался воскресить и воссоздать это впечатление, но оно было невозвратимо, как прошедший и исчезнувший год. В «Lapin agile» некрасивая, но чем-то чрезвычайно привлекательная женщина пела Беранже:

Oh, que je regrette
Le bras dodu
La jambe bien faite,
Et le temps perdu...[17] —

и песенку — «Un peu de tes yeux»[18], потом был поздний, рассветный Монпарнас и мутные Halles[19] — и домой Володя ехал, почти засыпая.

На следующий день было воскресенье, контора Николая была закрыта, и сразу после завтрака Володя ушел к себе: — Надо кое о чем подумать. — Иди, фантазируй. — Иду.

И опять — диван, папироса, далекая и слегка головокружительная мечта о незнакомой женщине, — даже не мечта, а чувство, даже не чувство, а предчувствие, — говорил себе Володя, — и опять все, что было, исчезает, уходит, ушло, а есть только медленный дым от папиросы и смутные звуки в страшной и сверкающей дали. — Не может быть, чтобы этого

---

[17] Где ты, юность знойная?
Ручка моя белая!
Ножка моя стройная!
(Пер. В.С. Курочкина)
[18] Взглянуть бы в твои глаза (фр.).
[19] Здесь: Центральный рынок (фр.).

не было, я этого еще не знал. — Сколько он ни вспоминал, ни в чем и никогда он не находил оправдавшихся ожиданий, он не знал ни одной «незнакомой женщины», все всегда было так похоже, и даже кровати скрипели одинаково. Легкий, грустный и равномерный скрип вдруг явственно вспомнился ему, и те же запахи и тот же мутный, соленоватый вкус на распухших и всегда чужих губах. — Так жил мой отец, — думал Володя, — но он, наверное, знал что-то другое, и не козырный же туз был этим другим. Нет, это все-таки, наверное, есть. Найдешь, потеряешь все, потом ищешь хотя бы обманчивого воспоминания; и не находишь много времени, как я, и все ждешь, как влюбленный на свидании: давно уже прошел назначенный час, давно наступила ночь, и ее все нет, и она уже больше не придет, а ты стоишь на том же месте: идет дождь, и рядом с тобой мокнет дерево и памятник со статуей; ночь все дальше и глубже — и вот в тишине идешь один домой.

Все глубже и глубже. Что это мне напоминает? Все глубже и тише — где я уже это видел? Ах, да — в бочке.

И Володя вспомнил большую, всю черную и зеленую внутри бочку, стоявшую в глубине двора, под водосточной трубой. После долгих дней сухого зноя вода в бочке начинала чуть-чуть пахнуть сырым и знакомым запахом болота, темная ее глубина потихоньку оживала, далеко внизу — как казалось тогда Володе, которому было восемь лет — в ней появлялись красные, очень живые и такие тихие червячки, которые никак не удавалось поймать ни сачком для бабочек, ни удочкой. В черную воду бочки Володя опускал короткую, сухую палочку; и сколько он ни держал ее под водой, она все всплывала наверх, как пробка. Но после того, как она оставалась в бочке несколько дней и дерево набухало, пущенная с силой вертикально ко дну, она всплывала все медленней и медленней, и наступал, наконец, день, когда она оставалась внизу и не всплывала вовсе. Какое громадное, красное солнце заходило в те годы по вечерам над черной деревянной колокольней, мимо высокой

27

каланчи, на которой дежурил двоюродный брат кухарки Рогачевых, как бессменный часовой на роковом посту, мимо сырых и темных домов окраин и соснового леса, начинающегося тотчас за городом, мимо зеленого, так буйно заросшего кладбища, на котором Володя с товарищами хоронил белую мамину кошку, упавшую с крыши шестого этажа и разбившуюся насмерть; и вот вечером, чтобы никто не видел, ее положили в украденный ящик от шампанского и мальчики понесли ее на кладбище — и забыли лопату, и Володя побежал с полдороги домой, за лопатой; и, вернувшись, долго копал сухую землю, заросшую тугой и цепкой травой. Потом они опустили кошку в могилу, Володя даже заплакал, вспомнив, как однажды ударил кошку ногой — она жалобно замяукала. — Я ее ударил, а вот теперь она мертвая. — Затем молча пошли домой, — летний вечер, тишина и едва ощутимая, так легко оседающая в воздухе прохлада. Темные тени стелются по саду, высоко в воздухе и покачиваются, и не покачиваются верхушки деревьев; крикнет какая-то птица, и снова все стихнет — и только изредка послышатся по мостовой заснувшей улицы шаркающие шаги нищего Никифора, страшного и оборванного старика, ходившего босым летом и зиму и только жутко мычавшего в ответ на вопросы. Давным-давно, когда еще город был совсем небольшой и тихий, Никифор был молод, и буен, и свиреп; и вот, после бессонной и пьяной ночи, проведенной у Марьи-солдатки, вернувшись домой — осенним и ветреным утром, последние желтые листья устилали холодную и длинную улицу, — он с пьяных глаз пырнул ножом старшего брата; его тотчас же арестовали, и тогда началось — сначала острог и колодки, потом суд с непонятными для Никифора словами, потом приговор — двенадцать лет каторжных работ. Потом побег в лютый сибирский мороз, погоня, опять каторга, потом Никифор смирился, отбыл пятнадцать лет каторги и двадцать лет поселения; и, пропив то немногое, что купил и заработал, оборванным пришел в родной город, которого не узнал. И с тех пор стал нищенствовать — то на паперти черной, насквозь пропитавшейся ладаном и воском церкви, то на мосту через медленную и широкую реку, то просто на улицах. У Никифора были маленькие черные глаза под лохматыми седыми бровями, темные от грязи руки и серо-белые волосы; и Володя видел однажды, как ранней зимой Никифор остановился у края тротуара, под которым холодно синел замерзший ручей, надавил пяткой босой ноги тонкий лед и, став на колени, начал жадно и долго пить воду из образовавшейся дырки. И другой раз — это было тогда, когда Володя смертельно испугался Никифора и едва не заболел от испуга, — компания веселящихся людей, проходившая по улице и к которой Никифор протянул руку, увела его с собой, в отдаленный зал шумного ресторана, где был устроен бал с переодеванием, напоила его допьяна и выпустила на улицу, надев на него черную, бархатную маску, — и Никифор заснул на первой же скамье, с открытым ртом и туго завязанной маской на серо-красном обветренном лице, и Володя увидел его.

— Как давно это было! — думал Володя. — Теперь я за тысячи верст от родного города, в Париже, rue Boissière, — ведь Никифор, наверное, никогда бы не мог даже произнести эти звуки — rue Boissière, rue Boissière, — повторял он про себя, прислушиваясь, точно кто-то другой это говорил, чей-то чужой и незнакомый голос.

— Да, но вернемся к прежнему, — продолжал думать Володя. — Мамина кошка, конечно, Мурочка, ведь все же кошки Мурочки, это русская простодушная нежность; от слов мурлыкать — потом кладбище, наш сад, вечер, каланча, Никифор, и началось это откуда? — Да, из бочки. Глубже и тише — и запах сырости и болота, — вот откуда идет все. Но это не то. Что же я должен был понять? На пароходе все было так ясно и просто. Но пароход пришел и ушел — и может быть, на этом пространстве, от Марселя до Константинополя, и сейчас все ясно и просто, как было три дня тому назад?

— Ты, наверное, окончательно расфантазировался? — сказал

Николай, постучав в дверь и войдя со своей всегдашней стремительностью. — А дым какой, прямо точно в кузнице! Едем со мной, посмотрим Париж, тут тебе, брат, не Галата.

— Ты считаешь, что это необходимо? Я хотел еще подумать немного, мне только одну вещь понять осталось — и тогда все хорошо.

— Одну вещь? Самую главную, да?

— Да.

— Все равно не поймешь, — убежденно сказал Николай. Голова Вирджинии, поднявшейся на цыпочках, посмотрела на Володю из-за плеча Николая.

— Почему?

— Потому что неженатые этого не понимают.

— C'est stupide[20], — сказала Вирджиния. Оба брата в один голос спросили:

— Qu'est ce que c'est qui est stupide?[21]

— Le russe. C'est une langue de sauvages[22].

— Вирджиния, стань в угол за дерзость, — сказал Николай.

— Votre ignorance m'écrase, madame[23], — сказал Володя. — Ну, хорошо, едем осматривать Париж.

Но едва они выехали, начался сильный дождь — и они прервали прогулку и просидели до вечера в маленьком кафе на бульваре Saint Germain, где, по словам Николая, бывали все

---

[20] Глупо (фр.)

[21] Что же в этом глупого? (фр.)

[22] Русский язык — это язык дикарей (фр.).

[23] Ваше невежество меня убивает, мадам (фр.).

знаменитые *люди*; но только в этот день никто из них не пришел, и, вернувшись домой, Володя сказал брату:

— Да, совесть у меня чиста: теперь я знаю о Париже ровно столько, сколько знал до того, как ты мне его показал.

* * *

— Вы играете в теннис, Володя?

— Я играю в теннис, Вирджиния.

На теннисную площадку они пошли пешком, было недалеко. Николай, задержавшийся в городе, должен был прийти позже. Володя повертел ракеткой в воздухе — не забыл ли, как играть, — сделал несколько пробных ударов, потом нахмурился и проиграл партию Вирджинии. Играл он чрезвычайно плохо, что дало повод Вирджинии к новым насмешкам. — Я проиграл из вежливости, — пожав плечами, сказал Володя, — не могу же я выиграть у дамы, это было бы не по-джентльменски. — Хорошо, — ответила Вирджиния, — я дам вам возможность выиграть у мужчины. Подождите.

Она ушла и быстро вернулась. Вслед за ней легкой и гибкой походкой, странно не соответствующей высокому росту, очень широким плечам и тяжелой, могучей фигуре, шел какой-то бледный человек. — Артур, — сказала ему Вирджиния, — вот этот молодой человек, о котором я вам говорила. — Артур поклонился: Вирджиния представила их друг другу, Володя расслышал фамилию — Томсон. Разговор происходил по-французски, Томсон говорил с почти незаметным английским акцентом. Едва только партия началась, Володя понял, что выиграть у Артура невозможно. Казалось, что после первой же service'a[24] Володи Артур потерял свой вес, передвигаясь по корту с легкостью, почти невероятной для своего роста и

---

[24] подачи (фр.).

ширины. Он оказывался везде, он занимал, казалось, все пространство, каждый мяч Володи неизменно встречал его ракетку и потом возвращался, наперекор всем законам физики, в такое место, где его Володя никак не мог ожидать. И через четверть часа Володя поднял вверх обе руки и заявил, что сдается. Артур, улыбаясь, подошел к нему и, к величайшему удивлению Володи, сказал на чистом русском языке:

— Вам прежде всего не хватает тренировки.

— Вы русский?

— Нет, англичанин.

Громадные электрические лампы освещали красный песок площадки, в открытых высоких окнах проезжали автомобили. Володя посмотрел на своего победителя и еще раз удивился впечатлению необыкновенной физической силы, которое производила вся фигура Томсона. Несколько растерянно улыбаясь, как атлет, которого рассматривают в цирке, Томсон рассеянно смотрел прямо перед собой. Володю, при этом втором, более внимательном осмотре, удивил неожиданный налет печали на лице Артура и грустные его глаза; можно было подумать, что этот Геркулес либо болен какой-нибудь тяжелой болезнью, либо чем-то раз навсегда огорчен.

— Но где же вы научились русскому языку?

— В России, я жил там некоторое время.

— Поразительно! — пробормотал Володя.

Дверь быстро распахнулась: наклонив голову, крепко сжимая ракетку в волосатой руке, вошел Николай. Вирджиния в это время разговаривала с высокой женщиной, которая стояла спиной к Володе, Володя видел только ее смуглую, блестящую кожу с неглубокой и ровной выемкой, начинавшейся между лопатками и спускавшейся вниз. Николай подошел к Вирджинии сзади и немного приподнял ее, — она повернула к нему удивленное и потом сразу улыбнувшееся лицо, — затем пожал руку даме, спина ее шевельнулась, у Володи тревожно дрогнуло тело, — и, подойдя к Артуру, слегка толкнул его кулаком в грудь: Артур отступил на шаг и протянул руку.

— Реванш, Артур, — сказал Николай своим решительным голосом. — Вы думаете, я всегда буду проигрывать? Вирджиния! — закричал он. — Артур играет и проигрывает.

Дама, разговаривавшая с Вирджинией, повернулась, и Володя увидел ее лицо — с длинными, оживленными глазами, полными губами большого рта и несколькими веснушками на носу, которые вдруг придавали милый характер всему ее выражению. Она была очень молода, ей было не более двадцати двух, двадцати трех лет.

— Артур не может проиграть, — сказала Вирджиния, подходя к группе, состоявшей из Артура, Николая и Володи. — Элла, вы незнакомы с братом моего мужа?

Володя пожал ее мягкую руку с длинными пальцами; и, приблизившись, почувствовал легкий, чуть слышный запах пота — и в этом запахе неожиданно ощутил непривычный и незнакомый привкус чего-то горького, как миндаль, и ни на что не похожего.

— J'ai mal entendu votre nom, mademoiselle[25], — сказал он.

— Меня зовут Аглая Николаевна.

— А? — удивленно сказал Володя. — Впрочем, тем лучше, конечно.

Николай решил выиграть во что бы то ни стало. Он был так же неутомим, как Артур, так же быстр в движениях — и, поглядев на бешеный темп игры, Володя понял все свое глубочайшее теннисное ничтожество. Партия шла очень ровно, капли пота

---

[25] — Я плохо расслышал ваше имя, мадемуазель (фр.).

сверкали на лбу Николая, под курчавыми волосами; один раз Артур, стремительно отбегая в глубь корта, поскользнулся и упал, но тотчас же повернулся в воздухе, коснулся земли вытянутой рукой и вскочил, как подброшенный пружиной; Артур играл молча, Николай изредка бурчал — дьявол! здорово! черт! Вирджиния, не отрываясь, смотрела на Николая, все время дергая за руку Володю, и точно безмолвно участвовала в матче. Артур увидел ее отчаянное лицо, и Володя заметил, как он улыбнулся. И вдруг Артур потерял свою точность ударов; это продолжалось очень недолго, но в решительную фазу борьбы — и Артур проиграл матч — из-за нескольких ошибок и нескольких минут замедления темпа. Николай выиграл. — Ты у меня самый лучший, — полунасмешливо-полунежно сказала Вирджиния.

— Кто они такие? — спрашивал Володя брата, возвращаясь домой. Николай шел под руку с Вирджинией, стараясь делать такие же маленькие шаги, как она, и постоянно сбиваясь. — Кто такие? Артур, кажется, музыкальный критик; а вообще милейший человек на свете, англичанин, хорошо знает русский. — Это я заметил. — Ты у нас, Володя, вообще очень умный. — Хорошо, а та барышня? — Что барышня? — Ну, кто она такая? — Она? Она, кажется, учится в университете. — Ну, брат, от тебя толку, я вижу, немного. — Что я, сыскное бюро, что ли? Вот ты меня спроси о Вирджинии, я тебе все расскажу. Я тебе даже расскажу, как она завещание писала. — Это правда, Вирджиния, вы писали завещание? — Вирджиния густо покраснела и засмеялась.

И Николай рассказал Володе, что в последние месяцы беременности Вирджиния начала бояться, что она умрет от родов, — причем боязнь была основана на двух вещах: во-первых, у нее было предчувствие, во-вторых, она видела во сне Звездочку. Звездочка была ее любимая лошадь, на которой она училась ездить верхом, когда ей было лет десять. Звездочка умерла незадолго до отъезда Вирджинии в то роковое, как сказал Николай, путешествие, из которого она вернулась уже дамой. Звездочка приснилась Вирджинии за два месяца до родов; она стояла у их подъезда на rue Boissière и ржала так жалобно, что Вирджиния проснулась в слезах. После этого Вирджиния решила, что она умрет, и составила у нотариуса завещание: она оставляла все свое имущество, в частности то, которое должно было перейти к ней от отца, — мужу и дочери — она была убеждена, что родится девочка, — с тем чтобы девочку воспитывали бы самым лучшим образом и никогда не наказывали. Потом Вирджиния призналась Николаю, что она написала завещание, — ее дочери было тогда уже полгода; и Николай отправился к нотариусу и взял завещание.

— Оно лежит у меня теперь в письменном столе, — сказал Николай. — Ну, и совершенно ясно, что судьба была против меня. Конечно, Вирджиния бы умерла, девочку я бы отдал в приют или, еще лучше, продал бы цыганам, а сам бы вел развратный образ жизни, предаваясь всяким порокам и постепенно опускаясь. Вот какая у меня была программа. Но Вирджиния все спутала.

И вдруг Николай — они подходили уже к rue Boissière — поднял Вирджинию в воздух, как ребенка, и, приблизив к себе ее лицо, сказал:

— Какая ты глупая, Вирджиния! Я бы не дал тебе умереть, ты понимаешь? Я тебя не отдал бы смерти.

Ложась в постель, Володя думал о Николае и Вирджинии, — какое удивительное счастье, какая удачная судьба. «Колька-хулиган», — нет, недаром его так любила мать. Володя стал засыпать, и все плыло, шумя и переливаясь обрывками музыки, перед ним — Вирджиния, плечи и губы Аглаи Николаевны, косматая рука Николая, громадная фигура Томсона, Звездочка — и еще далекий, тающий, как дым, горьковатый запах, исходивший от тела Аглаи Николаевны и от ее губ и глаз, которые все вытягивались, вытягивались и превратились в узенький ручей на зеленой траве, светлый ручей, который он где-то давно видел. И тогда появилась стая белых птиц, две черточки крыльев в черном бархатном воздухе южной ночи: бесшумный их полет — и все летят одна за другой, одна за другой без конца, как снег, — и вдруг острый и страшный звук прорезает испуганный, вздрогнувший воздух, и опять тихо, и все летят и летят белые птицы. Ночь плывет тяжело и душно, крылья летят, как бесчисленные паруса-и вот поворот неизвестной, горной дороги, и за поворотом далеко видна блестящая даль, как внутренность гигантского стального туннеля. — Опять неизвестно, — сказал чей-то голос рядом с Володей. — Опять сначала, — подумал Володя; птицы стали лететь медленнее, таяли в воздухе, бархатная тишина влажно шевелилась во тьме — как на берегу моря: и Володе послышался тихий шум неторопливого прибоя — в летнюю темную ночь — и запах водорослей; длинные, зеленые, они прибивались к берегу и лениво полоскались в наступающей воде, и, когда волны откатывались назад, легкий ветер доносил до Володи их увядающий запах. Володя втянул в себя воздух, стараясь отчетливее вспомнить их исчезающую, пахучую тень — и внезапно почувствовал — до того сильно, что открыл глаза и приподнялся на локте — то горьковатое, почти миндальное, что, поколебавшись секунду в воздухе Володиной комнаты, вдруг стало плечами и ртом Аглаи Николаевны.

Он встретил ее на улице, через полторы недели, было уже холодно; его почему-то удивило, как она хорошо одета. Он подошел и поздоровался. Проезжали автомобили по почти пустынному, внезапно ставшему особенно осенним avenue Kléber, ветер трепал отстающий плакат на грязно-желтом деревянном заборе, окружавшем начатую постройку.

— Здравствуйте, — сказала она, протягивая руку. Он взял ее пальцы, почувствовав их тепло сквозь перчатку, взглянул на раздвинувшиеся в медленной улыбке губы — и почувствовал, что ему жарко в застегнутом пальто.

— Вы куда? — спросил он; он очень волновался; он предложил проводить ее, узнав, что она идет домой. Был воскресный и пустой день, в котором до сих пор ему было так неприятно просторно и в котором сейчас ему стало свободно и хорошо. — Какой воздух, точно пьешь холодную воду, не правда ли? — Несколько свежо, — сказала она. — Там эта площадь, это, кажется, Трокадеро? — Да. Здесь хорошо в этом районе, правда? — Как поразительно, что ее губы двигаются, — думал Володя. — Да, здесь свободно, широкие улицы, как в России. — Я Россию знаю плохо, — голос ее точно удалился и вновь приблизился. — Я чаще всего жила за границей и довольно много в Париже. Вы ведь не парижанин? — Нет, я здесь недавно, но, наверное, надолго. — Вы свободны по вечерам? — Да, конечно. Как поразительно, что я вас встретил, какая необыкновенная случайность. — Нет, что же удивительного? Мы живем в одном квартале — это как в провинциальном городе. Вы свободны послезавтра?

Они подходили к Трокадеро, направо ровными воздушными рядами уходили облетавшие деревья avenue Henri Martin, темная и высокая, чуть покосившаяся стена тихо и тяжело стояла в светлом воздухе по левой стороне; железные прозрачные решетки шли вдоль тротуаров, за решетками были сады и дома. — Я в вашем распоряжении. — Приходите ко мне, будет два-три человека. — Хорошо.

Она жила в небольшой квартире, мягкой и необыкновенно удобной, с маленькими столиками, низким диваном, тумбочками, пуфами, тоненькими полочками для книг и круглым стеклянным аквариумом, где неустанно плавала небольшая рыбка рыжевато-серого цвета. Про эту квартиру Володе говорил Николай:

— Поразительно, до чего все неудобно.

— Что именно?

— Да все: пепельницы маленькие, на одну папиросу, столики маленькие — что на таком столе делать? обедать нельзя, писать нельзя, только разве кофе пить. Пуфы маленькие и трещат, как орехи: все неудобно. И аквариум — что это за аквариум? Это стакан какой-то и всего одна рыбка.

— Вот тебе бы аквариум, ты бы, наверное, крокодила туда пустил.

— Почему крокодила? Крокодил не рыба. Рыб надо.

— Да не карпов же, черт возьми?

— Карп прекрасная рыба, — сказал Николай. — И очень питательная; и в стаканчике Аглаи Николаевны ты его не поместишь.

Володя застал там Артура, который ему поклонился, как старому знакомому. Рядом с ним, на одном из тех самых пуфов, которые Николай находил такими неудобными, сидела дама лет тридцати четырех с презрительным и сухим лицом, насмешливыми глазами и особенной ленивостью тела, сразу в ней угадывавшейся, еще до того, как она делала какое-либо движение. Она чем-то не понравилась Володе. В ту минуту, когда он вошел, она возобновила рассказ о том, как она познакомилась с monsieur Simon, ce pauvre M. Simon[26], который вообще очень мил, но ничего не понимает в женщинах. Артур высказал вежливое предположение, что M. Simon, может быть, не встречал до последнего времени женщин исключительных и что поэтому...

— Et avec ça?[27] — сказала дама.

Дело заключалось в том, что ce pauvre M. Simon имел счастье пользоваться благосклонностью рассказчицы — ее звали Odette, — но стал предъявлять ей такие неслыханные деспотические требования, что единственное объяснение этому Odette находила только в его исключительной глупости. Позже, когда Володя лучше узнал Odette, он понял, насколько этот разговор

---

[26] месье Симоном, этим бедным месье Симоном (фр.).
[27] — Ну и что? (фр.).

38

был для нее характерен. Вся мужская половина человечества делилась для Odette на две неравные категории: тех, кто стремится к ее благосклонности, и тех, кто к ней не стремится. Вторых она не замечала, они для нее почти не существовали; и всякий раз, когда ей почему-либо приходилось более или менее близко сталкиваться с таким человеком, она находила, что он неинтересен и неумен и как-то особенно неуместен. Она теоретически понимала законность существования и таких людей, но это были совершенно чуждые и бесполезные явления; и в тех случаях, когда она поневоле должна была их замечать, она их презирала — даже не пониманием и не умом, а чем-то другим, что было важнее всего остального и чего эти люди, по-видимому, не знали. При всем этом она была не лишена своеобразной иронической верности в описаниях людей. Итак, ее внимание было привлечено первой, менее многочисленной категорией мужчин, — но и здесь у нее постоянно возникали недоразумения. Многие из них — подобно этому бедному М. Simon — не были способны понять ее исключительность и ревновали друг к другу, что приводило Odette в бешенство и изумление.

— Cet imbécile de Simon,[28] — рассказывала она, — заявляет, что я должна прекратить знакомство с Дюкро. Non! mais il y a des limites...[29] Дюкро мой старый друг и оттого, что он не нравится Симону и Альберту, — по мере ее рассказа мужские имена появлялись и исчезали, сменяясь одно другим, и потом опять возникая, как тонущий человек, судорожно выскакивающий из воды много раз, — я должна с ним расстаться? Что же он сделал мне плохого, je vous le demande un peu?[30] — Ничего, ce sont tout simplement des principes, qui doivent...[31]

— Des principes? — с ужасом в голосе говорила Odette. — Des principes? Non, mais vous êtes fou! Que voulez-vous que cela me

---

[28] — Этот болван Симон (фр.).

[29] — Нет, ну есть же какие-то пределы... (фр.) .

[30] скажите, пожалуйста (фр.).

[31] это попросту принципы, которые должны... (фр.)

fasse, des principes?[32] Она, однако, твердо знала несколько вещей, которые заменяли ей принципы, она усвоила их еще в пятнадцатилетнем возрасте и с тех пор им никогда не изменяла. В минуты «безрассудной откровенности» — как она сама потом говорила — она рассказывала очередному M. Simon свою жизнь — и все было так свежо и поэтично; детство и годы учения в закрытом заведении недалеко от Парижа, где был такой громадный сад, потом путешествие в Испанию — oh, Barcelone, oh, Madrid — бой быков, тореадоры с необыкновенным sex-appeal[33] и M. Simon оставалось только удивляться, как до сих пор ему не приходило в голову задуматься над этой чертой тореадоров, которая, по мнению Odette, была, в сущности, самой для них характерной; опасности же, которым подвергались эти люди, носили добавочный характер, «иллюстративный», как она говорила. После Испании была Англия, после Англии Америка и так все вплоть до того дня, когда Odette впервые вышла замуж за человека, который не сумел ни понять ее прелестной непосредственности, ни оценить независимости ее взглядов от вздорных моральных принципов. — Это был мой первый, муж, — говорила Odette. — До мужа у меня был только один роман с Дюкро. О, это было ужасно. Это было действительно нехорошо: шестнадцатилетней Odette впервые делали операцию, чтобы избежать последствий ее романа с Дюкро — и Odette, семнадцать лет спустя, отчетливо помнила летний день, желтоватые, матовые стекла клиники, длинное и невыразимо тоскливое ожидание операции, невыносимый и неиспаряющийся запах хлороформа — и потом тяжелое пробуждение с отчаянным сознанием того, что она задыхается от этого запаха, и долгой режущей болью ниже поясницы. Потом был второй муж, затем опять первый, потом снова Дюкро, потом создалось такое глупое положение, — но об этом Odette рассказывала чрезвычайно редко, — когда оба ее мужа и

---

[32] Принципы? Принципы? Нет, вы с ума сошли! На что мне эти принципы, по-вашему? (фр.)
[33] сексуальным обаянием (англ.).

ее новый поклонник Альберт оказались в одно и то же время — один в Фонтенебло, другой в St. Cloud, третий в Париже, на rue la Boëtie, и жизнь тогдашнего периода представлялась Odette как бесконечное путешествие то туда, то сюда, то в автомобиле Альберта, отвозившего ее в St. Cloud, где, как она говорила, жила одна из ее подруг, то из St. Cloud на такси до Лионского вокзала и оттуда в Фонтенебло; и все было так разно устроено: у Альберта в ванной было то, чего не было у первого мужа, а привычки второго мужа были не такие, как у первого; один любил, чтобы Odette говорила ему именно те вещи, которые он сумел оценить, другому были нужны совсем иные чувства; один допускал одно, другой другое, а Альберт вообще терял голову и не знал, что делать, — и запомнить все это было так трудно, что Odette искренно считала эту эпоху своей жизни, — продолжавшуюся два месяца, — одной из самых тяжелых. «Pauvres petits! — говорила она, имея в виду обоих мужей и Альберта. — Pauvres petits, ils ont tous besoin de moi, allez![34] — Так потом Odette и жила все время, то там, то здесь — и иногда даже у себя дома, — переезжая из одного квартала в другой, проводя целые дни в поездах и только, как в гигантском мебельном магазине, все менялись, бесконечные в своем разнообразии, диваны — то бархатные, то кожаные, то с книжными полками, то без книг, то бесшумные, то с насмешливо пощелкивающими пружинами — и разные звуки часов: почти неслышный ход маятника и равномерное мелькание золотого его диска, которое Odette видела полузакрытыми глазами, лежа на спине, закинув руки за голову и глубоко вздрагивая всем телом, то стрекочущий, как кузнечик, звук стоячего хронометра на низеньком столике, то, наконец, тихое, но мелодичное тиканье маленьких часов-браслета на напряженной волосатой руке, тянувшейся от середины ее тела к подушке и поддерживающей ее тяжело падающую голову с черными курчавыми волосами.

---

[34] Бедняжечки... Бедняжечки, они так во мне нуждались, понимаете! (фр.)

Теперь она рассказывала о M. Simon, подражая его интонациям, — по-видимому, очень похоже, — и изображая в лицах весь разговор с необыкновенной живостью. Она бегло и точно вопросительно посмотрела на Володю, потом перевела глаза на Аглаю Николаевну, чуть заметно пожала плечами и, сказав еще несколько слов, стала прощаться, так как, по ее словам, торопилась на поезд — может быть, в St. Cloud, может быть, в Фонтенебло, но вообще на поезд и вообще на диван. После ее ухода все несколько минут молчали.

— Вы напрасно ее не любите, Артур, — сказала Аглая Николаевна таким голосом, точно об этом давно уже шла речь.

Артур сразу ответил:

— Не знаю, просто не люблю. Она все сводит к очень элементарным вещам, это неправильно, мне кажется.

— Это хорошо, Артур, ей можно позавидовать.

— Да, но я бы отказался от этой завидной способности.

— А вы как думаете? — спросила Аглая Николаевна, взглянув на Володю.

Володя совсем не думал об этом, Володя вообще ни о чем не думал, видел только легкий туман и в тумане только Аглаю Николаевну и слышал только ее голос, почти не различая слов и лишь бессознательно следя за волшебными, как ему казалось, изменениями ее интонаций.

— Я? — сказал он. — Я скорее согласен с мистером Томсоном. Мне кажется, что есть люди, существующие только наполовину, частично, понимаете? Они чего-то лишены, поэтому они кажутся странными, — я думаю, что Odette такая же. Конечно, возможно, что некоторые вещи относительны, как, например, принципы, о которых она говорила, а ведь это не принципы, это чувства. Если их нет — хорошо, конечно; но как-то беднее, по-моему.

42

Опять стало тихо; и вдруг раздался звон часов. Било одиннадцать; и первый звук еще не успевал умолкнуть, его тяжко и звонко перебивал второй, и дальше они звучали уже вместе; первый, слабея, провожал второй и исчезал, и в эту секунду раздавался третий, и опять шло два отчетливо отдельных замирания, в них вступало четвертое, и так все время, покуда били часы, все слышались два звука, возникшие в тишине, еще полной точно безмолвного воспоминания о только что звучавших ударах, и потом раздался одиннадцатый, чуть надтреснутый, чуть менее сильный, последний удар. Володе не хотелось бы, чтобы в эту минуту в комнате раздался бы какой бы то ни было звук; только голос Аглаи Николаевны мог бы еще нарушить эту еще упругую, еще мелодичную тишину. И голос Аглаи Николаевны — у Володи забилось сердце от сбывшегося ожидания — сказал:

— Артур, вы очень давно у меня не играли.

Артур, не отвечая, подошел к пианино, сел на бережно придвинутый стул и начал играть. Володю поразила вначале печальная неуверенность его музыки; было удивительно видеть, что из-под пальцев его сильных рук выходили такие неуверенные звуки. Если бы Володя не видел Артура, он подумал бы, что играет маленькая девочка со слабыми пальцами — и все же это было не лишено некоторой минорной прелести. Аглая Николаевна села на диван и показала Володе место рядом с собой, — он просто лег, подперев голову рукой и глядя на черное платье Аглаи Николаевны, из-за которого беспорядочно и случайно были видны стены, часы, двери и широкая фигура Томсона, сидевшего, как громадная, доисторическая птица, над белой полосой клавиатуры, пересеченной черными линиями.

Володя прислушался к музыке и понял, почему в первую минуту она показалась ему странной. Артур начал со старинной серенады, которую Володя знал наизусть, но название которой вдруг забыл. Знакомый ее мотив прозвучал и повторился, и потом вслед за ним, хрупко и звонко, точно ломающееся стеклянное облако, прозвучала иная мелодия, сквозь которую изредка проступал мотив все той же серенады; и за этими двойными звуками росла и изменялась еще одна, третья мелодия, почти невнятная и не похожая ни на какую другую музыку. Как три жизни, — подумал Володя. Перед его глазами были плечи и затылок Аглаи Николаевны — может быть, это — самое главное? Артур все играл, музыка все точно силилась сказать нечто невыразимое и чудесное, и в ту секунду, когда ее звуки уже были готовы, казалось, прозрачно воплотиться в то, чего нельзя ни забыть, ни увидеть, вдруг все становилось глуше и тише, точно над этой плещущей страной опускалась едва не опоздавшая ночь, и опять издалека начиналось то музыкальное путешествие, ощупью, по невнятным и смутным звукам, за живыми и колеблющимися стенами этих двух предварительных мелодий; и тогда первая из них звучала гулко и твердо, как музыкальное изображение средневекового, заснувшего города — со стенами, бойницами, чугунными жерлами тяжелых пушек и белой и хрупкой луной, возникающей над этим видением.

Артур и Володя вышли вместе, ночь была очень свежая и холодная.

— Я пришел пешком сегодня, — сказал Артур, — мой автомобиль чинится.

— Я тоже пешком, но по другим причинам: во-первых, недалеко, во-вторых, я не умею править автомобилем.

Звезды были очень светлые и далекие; мотив серенады еще звучал в ушах Володи. Артур медленно шел, глубоко засунув руки в карманы пальто.

— Вам не приходилось думать, — сказал Володя, — что если внимательно следить за всеми, решительно всеми впечатлениями одного только вечера, то это будет чуть ли не изображением целой человеческой жизни? Я хочу сказать: так же много.

— Потому, что этому предшествует все, что вы знали, и за этим следует все, на что вы надеетесь?

— Возможно; не знаю. Очень часто кажется, что вот-вот поймаешь самое главное — и все никак не удается. Вам не кажется?

— Это несколько туманно, — сказал Артур. В пустынном воздухе был слышен легкий скрип его ботинок — шагал он беззвучно. «Резиновая подошва», — подумал Володя.

— Нет, — сказал опять Володя, — мы не знаем, что самое главное.

— Иногда одно, иногда другое, в зависимости от силы желания, я думаю, и обстоятельств.

— Да, но это только предположение, а здесь необходима уверенность.

Они шли по набережной Сены, холодная, черная вода медленно струилась внизу, заплывая светлеющими и меркнущими струями у быков низкого моста.

— Я хочу сказать — безошибочность: ведь бывает так, что нельзя ошибиться, и вот это-то и есть одновременно самое прекрасное, самое нежное, самое гордое и чистое, что только может быть.

— Самая лучшая иллюзия? — Какая-то маленькая птица на облетевшей высокой ветке чирикала монотонно и непрерывно. — Нет, не иллюзия. Недаром ваш брат называет вас фантазером: ведь это не так.

— Но это должно быть так.

Артур засмеялся, поднял с земли камень и бросил его сильным взмахом вниз, так что он запрыгал по воде — три, четыре, пять, шесть, семь — считал Володя.

— Мой рекорд одиннадцать. А ваш?

— Я никогда не считаю, — ответил Артур.

Они расстались на avenue Kléber.

— Спокойной ночи, — сказал своим низким голосом Артур.

— Спокойной ночи.

Володя заснул, едва успев раздеться и закрыть глаза, утром его разбудил Николай — и ему во сне было обидно, что его будят, казалось, он только что лег и не могло быть, чтобы уже прошла целая длинная ночь.

Артур поднялся по широкому, легко вздрагивающему лифту, открыл ключом коричневую, блестящую дверь и, войдя, потянул в себя воздух. В темной квартире, высоко, почти под потолком, плыл холодноватый, чуть аптекарский запах; это значило, что Marie, горничная Артура, мыла пол в ванной и не открыла окна. Артур снял пальто и шляпу и прошел в комнату со стеклянной дверью, за которой раздался спотыкающийся топот неуверенных лап.

— Ну, маленький дурак, — сказал Артур, открывая дверь. Послышался короткий, тоненький лай. Толстый, белый щенок, сердито глядя на Артура, лаял, угрожающе подпрыгивая на месте. Артур нагнулся — протянул руки, и тогда щенок радостно завизжал, завилял хвостом и через секунду успел лизнуть языком подбородок Артура.

— Боже, какой ты глупый, — сказал Артур, — это просто невероятно. — Он пошел на кухню, достал из garde-manger[35] бутылку сливок, налил полное блюдечко и спустил щенка на пол: тот принялся жадно хлебать, вылакал все блюдечко, белый живот его раздулся, и походка стала еще менее уверенной.

---

[35] буфета (фр.).

Артур отнес его опять в столовую, положил на маленький матрац и ушел; щенок заснул, свернувшись, как еж.

Как только Артур вошел в свой кабинет и опустился в невысокое кожаное кресло у окна и с книжных полок на него, как каждый день, тускло блеснули корешки книг с тиснеными буквами, толстые тома Шекспира, Шиллера, Сервантеса, знакомое чувство пустоты, которая особенно сильно чувствовалась именно здесь, опять охватило его. И опять вернулось все то же, постоянное видение: осенний день, пустой, ветреный и солнечный, и перрон вокзала, где нет ни одного человека и от которого давно уже отошел последний поезд; и остался только ветер, и гул в темных телеграфных столбах, и легкая пыль над галькой железнодорожного полотна. Артур не мог понять, почему именно эта картина так неотступно преследовала его — так как в тот, самый печальный день своей жизни, когда он уезжал из Вены, был жаркий воздух поздней, отцветающей и тяжелой уже весны, и множество народу на вокзале, и целая стая белых платков, плещущих, как маленькие флаги на далеко идущем судне. Но не было ни прохлады, ни гула, ни пустоты, а только толстые стекла вагонного окна, и белые рельсы, и игрушечно зеленые, как в детских книгах, сельские пейзажи Европы. И Артур все не мог этого забыть. Методически и упорно, внушив себе мысль, что надо жить по-иному, он думал о том, как и что следует знать, чтобы объяснить и, однажды их поняв, раз навсегда уничтожить все те напрасные чувства, которые не давали ему покоя в течение долгого времени. Он стал учиться и читать, он распределил таким образом свои дни, что у него не должно было остаться времени ни для сожаления, ни для воспоминаний, — и вот, вдруг, во время тренировки с Дюбуа, преподавателем бокса, или на трехсотой странице Дон-Кихота звон и стук вагонных колес вдруг наполнял комнату, за ним стелился запах перегоревшего каменного угля и гремел вокзал в душный, весенний день, — и, раскрыв свою garde[36], Артур получал

---

[36] Здесь: защиту (фр.).

сильный удар в лицо; или Дон-Кихот, садившийся на коня, все только подымал ногу к стремени и не садился, точно поджидая, когда же Артур последует за ним, и проходили долгие минуты, пока, вместо пустынного вокзала, вырастали худые бока Росинанта и длинная фигура рыцаря с медным щитом в левой руке.

Такое состояние было особенно невыносимо для Артура, — он не мог к нему привыкнуть. Он всегда считал, что, поставив себе в жизни какую-либо цель, ее необходимо во что бы то ни стало добиться; если что-нибудь мешает, это следует уничтожить, если что-нибудь непостижимо, это следует понять — какой угодно ценой. Только все же в нем бродило иногда какое-то буйное начало, он чувствовал, что способен на безрассудные поступки; и тогда он усиленно принимался за работу — учился или занимался спортом, и опять все приходило в порядок. Он любил путешествовать, и это он объяснял наследственностью: его отец, которого он помнил коренастым, улыбающимся блондином, погиб в одной из своих полярных экспедиций — его все тянуло к полюсу — северное сияние, безграничные, белые пространства, синеватый лед и точно закипающая, смерзающаяся вода арктического океана; он поехал туда в последний раз перед войной — и больше не вернулся. Мать Артура очень скоро после этого снова вышла замуж. Артур не любил своего отчима, так непохожего на отца, всего какого-то темного: цилиндр, черное пальто, черные волосы, желтоватые зубы, темная кожа сухих, гладких и сильных рук. Он был банкиром. Артур, живший вдалеке от Лондона, лишь изредка приезжал домой, последнее свидание было лет восемь тому назад, когда Артур из Франции приехал повидаться с матерью, и громадная его фигура как-то сразу загромоздила всю квартиру; и банкир, улыбаясь недобрыми черными глазами, сказал ему:

— Я думаю, из тебя вышел бы хороший боксер.

— Если бы было нужно выбирать между банком и рингом, я выбрал бы ринг, — холодно ответил Артур. Его мать пожала плечами. Артур был ей совершенно чужд — молчаливый, сдержанный и, конечно, как она думала, неспособный понять ни ее жизнь, ни ее второй брак, скрыто недоброжелательный, всегда чуть нахмуренный Артур; она поймала как-то его тяжелый взгляд, когда он мельком взглянул на ее обнаженные плечи, — она была в вечернем платье, они ехали в театр. Но она промолчала, хотя вспыхнула от обиды. И тогда же она поняла, что ее сын, Артур, перестал для нее существовать. Было неловко, что она — мать этого гиганта, она «l'incomparable»[37], как ее называл первый муж; она — никогда не была красива, но неподвижная прелесть ее асимметричного лица не портилась с годами. Она и не замечала своего возраста, вся жизнь в ее воспоминании была сменой мод, курортов и путешествий.

— Это было в тот сезон, когда носили такие короткие платья с воланами — ты помнишь? — мы провели тогда лето в Бретани. — Да, тогда появились еще эти крылья по бокам шляпы: это было в Лозанне, — да, именно в Лозанне я их увидела в первый раз и тогда же написала тебе об этом. — И лишь изредка в эту непогрешимую память о шляпах, платьях и летних городах ее жизни входили иные впечатления: голос Шаляпина, певшего «Марсельезу» в Лондоне, канун войны и первый букет цветов — пармские фиалки, да, конечно, пармские — от этого сумасшедшего итальянского журналиста, которого потом убили на войне, летом семнадцатого года; да, лето семнадцатого года, костюмы tailleur[38], маленькие, совсем без полей шляпы и зеленые ветви над озером, на юге Англии, в имении ее мужа. Артуру не было места в ее жизни; если бы еще он остался таким, каким был много лет тому назад — бархатная курточка, короткие штаны и загорелые коленки, — но он стал настолько велик и широк, что она казалась рядом с ним совсем маленькой. Он на все смотрел иными глазами — в этом отчасти был виноват его дядя, брат ее первого мужа, выписавший Артура в Россию, где Артур научился русскому

---

[37] «несравненная» (фр.).
[38] в талию (фр.).

языку, побывал в разных городах и откуда они оба еле выбрались в девятьсот девятнадцатом году, и оба явились в Лондон, в невозможных костюмах, с обтрепанными чемоданами — она встретила их на вокзале, и в дороге еще Артур позволил себе какую-то шутку по-русски, и они оба смеялись, не понимая, насколько это невежливо по отношению к ней. И Артур уехал из родительского дома во Францию, в Париж, и лишь несколько раз в году присылал лаконические открытки. Однажды, впрочем, в Париже он встретил своего отчима в большом кафе на бульварах — тот сидел рядом с какой-то блестящей и сомнительной красавицей, и Артур только молча и тяжело-насмешливо взглянул на него и прошел мимо.

Артур думал обо всем этом, сидя у себя; щенок, спавший в столовой, вдруг зарычал и залаял во сне. И тогда перед Артуром явственно встало женское лицо, которое давно уже было готово появиться — все точно чего-то ожидая — и теперь появилось: откинутая голова, чуть прищуренные, самые дорогие на свете глаза и потом голос и этот французский язык со смешным и очаровательным женским акцентом и бесчисленными ошибками:

— Cela ne peut pas continuer, Arthur, il faut que tu partes[39].

— Je suis parti, — вслух сказал Артур. — Non, cela ne peut pas continuer ainsi c'est vrai[40].

И вот уже два года он все точно уезжал — и сожаление было так же сильно, как в день его действительного отъезда. Это был бесконечный день, растянувшийся уже на несколько лет, — ни вечера, ни ночи, ничто не могло потушить его весеннего, сверкающего на вагонных стеклах света, ничто не могло вырвать и сдвинуть с места все те же, неподвижные и непрекращающиеся, чувства, которые Артур испытал в день

---

[39] — Это не может продолжаться, Артур, ты должен уйти (фр.).
[40] — Я ушел... Да, это не может продолжаться, ты права (фр.).

отъезда из Вены. Что с ней теперь, кто смотрит в ее закрывающиеся глаза с длинными коричневыми ресницами? Может быть, у нее есть ребенок?

Что-то хрустнуло под рукой Артура, он замигал глазами, как приходящий в себя от забытья человек. Деревянная ручка кресла под кожаной обшивкой была сломана. Артур вздохнул, опустил голову, вошел в ванную, разделся и стал под холодный душ, закрыв себя резиновой круглой ширмой; ему стало трудно дышать, вода казалась ледяной, но он продолжал стоять так некоторое время. Затем, надев халат и растерев докрасна свое тело, он лег в постель, закрыл глаза и стал засыпать: был уже пятый час утра.

* * *

В тот день, когда Аглая Николаевна вернулась из Берлина, куда она уезжала на месяц, в Париже с утра шел снег. На rue Boissière он падал с безмолвной торжественностью, шел без конца, улетая вниз, в незримую глубину; возле Северного вокзала он валился беспорядочно и неравномерно, превращаясь в жидкую грязь под колесами автомобилей. Поезд приходил в поздний вечерний час, рука Володи застыла в кожаной перчатке, бесформенные пальцы сжимали букет белых роз. Он приехал задолго до прихода поезда, сидел некоторое время в кафе перед стаканом теплого и мутного кофе, отпил один глоток, поднялся и снова вышел под снег. — Какой абсурд — кофе, — сказал он вслух. Его наконец пустили на перрон; ожидание сделалось еще томительнее, и появилось — неизвестно откуда и совершенно незаметно возникшее — ощущение, будто забыто что-то очень важное, будто чего-то не хватает.

— Но чего же? — Проходили носильщики, смазчики, служащие. В темноте показались огни паровоза, которые

51

Володя видел уже секунду, не понимая. С успокаивающим щелканием поезд остановился.

Аглая Николаевна была в маленькой шляпе, в черной шубе с белым воротником. Володя подошел к ней — и ничего не мог сказать от волнения.

— Владимир Николаевич, вы потеряли дар слова?

— Кажется, да.

— А красноречие и лирические пассажи?

— Все. Кроме вас.

Она пожала его руку в перчатке.

— Какие милые цветы. Вы один?

— Конечно. Вы ждали?..

— Мог прийти Артур.

— Нет, как видите.

Сидя в автомобиле, Володя слушал, как Аглая Николаевна рассказывала о Берлине, и молчал. Слова, названия мест имели для него иное значение, нежели то, которое придавалось им обычно. Берлин, это значило: ее нет. Париж, это значило: я ее увижу. Рельсы, поезд, вокзал: я жду. Charlottenburg: она проходит по этим улицам. Gare du Nord[41]: только она.

— Вы сказали?

— Нет, это непохоже на скуку. Это иначе.

— И «замечательней»?

— Несомненно.

---

[41] Северный вокзал (фр.).

Автомобиль проезжал возле Оперы.

— Я вспоминала вас неоднократно.

— Аглая Николаевна!

— Мне не хватало вас, я к вам привыкла.

— Как к шкафу или креслу?

— Иначе.

— «Замечательнее»?

— Несомненно.

Опять молчание и легкий шум автомобиля.

— Итак?

— Я оказываюсь в несвойственной мне роли, — изобразительницы аллегорий.

— Аллегория — представление обо мне?

— Да. Представьте себе зеркало. Смотришь долго-долго — только блеск и стекло: а потом видишь далекие картины и даже как будто бы слышишь музыку.

— Я понимаю: невнятные картины, невнятную музыку.

— Да. И потом вдруг, медленно, из самого далекого зеркального угла — фигура.

— Джентльмена в черном костюме?

— Почти.

Стыл чай в маленьких чашках, звонили часы, медленно двигался вечер. — Мы точно едем, Аглая Николаевна, — сказал Володя, едва слыша свой собственный голос, — не правда ли? Как в море, очень далеко. Вам не кажется?

— Да; в тропическую ночь, Володя, вы понимаете? — И Володя впервые услышал особенный, горячий голос Аглаи Николаевны — раньше он был неизменно прохладен, чуть-чуть далек и насмешлив.

— Так душно и хорошо и теплые, соленые волны. Вы понимаете, Володя?

Володя молчал и только смотрел в побледневшее лицо с необычайным усиленным вниманием.

То, что случилось потом, было непохоже, как казалось Володе, на все, что он знал до этого: душно и нежно близкое тело, мягкие руки с острыми холодноватыми ногтями, запах волос, несколько детски-беззащитных движений и опять доверчивые, устремленные к нему руки. И голос Аглаи Николаевны, вдруг ставший точно частью ее тела.

— Я никогда этого не знал, — думал Володя. — Никогда, наверное, этого вообще нет. Но мыслей почти не было, они терялись, кровь текла с почти слышным, как ему казалось, шумом.

Он пошел пешком домой, холодным январским утром, не застегнув пальто. В кабинете Николая был свет. Володя привычным движением поднял руку к глазам, чтобы посмотреть, который час; но часов не было, он забыл их у Аглаи Николаевны, — наверное, на этом маленьком столике, рядом с узким и длинным бокалом, в котором стояли его вчерашние — самые лучшие — цветы. Дверь из кабинета открылась, и в осветившемся четырехугольнике показалась широкая фигура Николая.

— Доброе утро, Володя, — сказал Николай густым шепотом, — где это ты засиделся?

— Я гулял.

— Врешь как собака, знаем мы эти гулянья.

— Коля, ты никогда этого не поймешь, — твердо сказал Володя.

— Да, да, знаю, ты все облака видишь или волны, а облаков никаких нет. Иди спать.

— Не хочется. А ты почему не спишь, и который час вообще?

— Вообще пять часов утра, а я не сплю по серьезному делу: мне надо составлять годовой отчет. Я вчера вечером напился вдребезги, — сказал Николай, — мы с Вирджинией вдвоем выпили бутылку шампанского.

— По какому случаю?

— Годовщина рождения дочери; выпили и ослабели, faiblesse humaine[42], понимаешь?

— Понимаю: faiblesse humaine.

— Вирджинию я, просто смешно сказать, отнес на руках и уложил спать — какой срам, Володя, а? — вот я ее целую неделю дразнить буду.

— А тебя кто отнес?

— Сам, — сказал Николай, — и спал не раздеваясь. И можешь себе представить, приснилось мне какое-то чудовище, и вдруг я вижу, что голова у него — это лицо моего тестя, отца Вирджинии. Тогда я проснулся и вот с двух часов ночи сижу и пишу, как Боборыкин. Ну, хорошо, иди спать, я тебя завтра разбужу на службу.

Но проснулся Володя только поздно днем. В столовой Вирджиния что-то напевала вполголоса, читая, — эта ее способность одновременно петь и читать всегда изумляла Володю. Рядом с диваном, на котором он лежал, он нашел записку Николая: «Ты спал, как сурок, я решил тебя не будить. Выношу тебе общественное порицание».

---

[42] человек слаб (фр.).

Вечером Володя, наскоро пообедав, — что вызвало ироническую заботливость Вирджинии: — Николай, отчего наш хрупкий ребенок так мало ест? — и деловой вопрос Николая, вышедшего провожать Володю до двери: — Может быть, у тебя живот болит? — и сердитый ответ Володи: — Vous êtes bêtes tous les deux[43], — и хохот Николая:

— Вирджиния, пари, что он влюблен! — Ответ из столовой: — Tenu[44], — и вот, наконец, улица и возможность взять автомобиль и через десять минут быть у Аглаи Николаевны.

Она сидела в кресле, Володя поцеловал ей сначала руку, подошел сзади и обнял ее — и все опять стало душно и хорошо, как накануне.

Поздней ночью она спросила его:

— Ты пришел, все спали?

— Нет, Николай работал.

— Что же ты сказал?

— Что я гулял. Но он не поверил.

— Правда? — Она засмеялась. — А он умнее тебя, ты знаешь?

— Возможно.

— Я думаю, несомненно: только ты иначе.

— Хуже или лучше?

— О, милый Володя, конечно, хуже.

— Спасибо.

— Ты обиделся?

---

[43] Вы оба дураки (фр.).

[44] — Принято (фр.).

— Нет, — сказал он, чувствуя на своей руке ее горячую шею, — нет, конечно, нет.

Проходили недели, Володя в бюро был рассеян и задумчив, день заключался в ожидании вечера. Иногда Володя говорил брату:

— Коля, у меня сегодня дела, я не буду в бюро.

— Хорошо, — отвечал Николай, — я надену траурный костюм.
— И Володя уезжал с Аглаей Николаевной в Булонский лес.

Были тихие зимние дни, по холодной воде озер плавали лебеди. Аглая Николаевна и Володя отправлялись в зоологический сад, где бесшумно, не останавливаясь, ходил по клетке волк, белые медведи ныряли в неглубокой канаве; в жарко натопленном стеклянном помещении неподвижно часами лежали крокодилы; маленькие зверьки — мангусты, мускусные крысы, хорьки, ласки — спали в небольших будках в глубине клеток. Раскачивалась длинная шея верблюда, резко кричали тюлени, медленно и тяжело ступал чудовищный гиппопотам, и громадный слон стоял, как гигантский часовой у ворот тропического государства. В дурно пахнущих клетках, сложив навсегда длинные крылья, полузакрыв глаза, сидели на скрюченных ветвях, запачканных пометом, орлы, кондоры, грифы. Тускло и непримиримо блестели желтые глаза тигров, жалобно рычали неуклюжие львы с оседающими задами; над холодной водой искусственной реки, застыв в неправдоподобно декоративной позе, стояли фламинго, которых когда-то, давным-давно Володя видел еще на Волге. Резко кричали обезьяны со сморщенными лицами, похожими на лица якутских старух; павианы со свирепыми мордами лениво гонялись за пугливыми самками; бесшумно и печально, ступая по вытоптанной траве тонкими, неутомимыми ногами, плавно неся в воздухе тяжелые головы с причудливыми рогами, ходили антилопы и олени; мелькали полосатые тела зебр; и близко, возле самых прутьев огороженного рва, чернела косматая громада бизона.

Потом они уходили в лес; пахло поздней осенью, бензином, асфальтом, холодными деревьями; и они возвращались домой в сумерки; над Триумфальной аркой вспыхивало электрическое сияние, струившееся вниз по avenue Булонского леса, покрытого в этот час черным блеском автомобильных крыльев, под светом громадных, круглых фонарей, висящих на высоких столбах; и вверху, начинаясь непосредственно от автомобильных крыш, все темнел и темнел зимний воздух, сгущаясь в легкую тьму на высоте пятого или шестого этажа домов.

***

Опять был отъезд, неожиданный, как и в прошлый раз, опять в Берлин, и Володя снова остался один; и так же, как тогда, почувствовал, что у него слишком много свободного времени. Не зная, куда себя девать, он три вечера подряд ходил в кинематограф, побывал в театре и даже пошел на балет, устроенный знаменитой балериной; она «играла» мифическую царицу, отдающуюся пленному воину. Володя не помнил точно, был ли этот воин варваром или нет, потому что в ту минуту, когда не следовало, неожиданно задремал. Балерина говорила какие-то стихи, воин, опираясь на бутафорское копье, жалобно сгибавшееся под его тяжестью, тоже отвечал ей стихами, потом вышли танцевать пять девочек в белых платьях и царица с варваром присоединились к их танцу, перестав на это время читать стихи; в общем, все было так чудовищно глупо, что у Володи от раздражения разболелась голова, и он ушел, не досидев до конца. На следующий вечер он зашел к Артуру, который сам открыл ему дверь.

— А, милый друг, как хорошо, что вы пришли, — сказал Артур своим тихим голосом.

— Скажите, пожалуйста, как вы не умерли от тоски в Париже? — спросил Володя. — Куда можно пойти? Только не в кинематограф, не в театр и не на балет.

58

— Хотите послушать диспут о советской литературе?

— Нет, уж лучше кинематограф.

— Хотите поехать на Монпарнас?

— C'est une idée[45].

За столиками Coupole сидело множество народа, слышалась русская речь — с польским акцентом, еврейским акцентом, литовским акцентом, малороссийским акцентом. Невзрачные художники с голодными лицами, нелепо одетые — особенно удивил Володю маленький человек в клетчатых штанах для гольфа и черной бархатной куртке, усыпанной пеплом и перхотью, — спорили о Сезанне, Пикассо, Фужита; за ближайшим к Володе и Артуру столиком какой-то развязный и многословный субъект ожесточенно хвалил французскую поэзию и цитировал стихи Бодлера и Рембо.

— Слушайте, Артур, как он может понять это, когда он ни одного слова правильно не выговаривает? — тихо спросил Володя.

— Он, наверное, чувствует, — серьезно сказал Артур; Володя пожал плечами.

С Артуром многие раскланивались.

— Вы их знаете? Кто они такие?

Артур рассказывал Володе то, что на Монпарнасе знали все, где вообще всё знали друг о друге. Вот этот сорокалетний мужчина уже пятнадцать лет сидит то в Rotonde, то в Coupole, то в Dôme, пьет кофе-крем и не просит в долг больше двух франков, — пишет стихи, ученик знаменитого поэта, умершего за год до войны; этот — художник, рисует картины еврейского быта Херсонской губернии — еврейская свадьба, еврейские похороны, еврейские типы, еврейская девушка, еврейский

---

[45] — Это мысль (фр.).

юноша, еврейская танцовщица, еврейский музыкант. Вот поэт, недавно получивший наследство, лысеющий, полный человек лет пятидесяти. Вот молодой автор, находящийся под сильным влиянием современной французской прозы, — немного комиссионер, немного шантажист, немного спекулянт — в черном пальто, белом шелковом шарфе; вот один из лучших комментаторов Ронсара, прекрасный переводчик с немецкого, швейцарский поэт тридцати лет — умен, талантлив и очень мил; по профессии шулер. Вот подающий надежды философ — труд об истории романской мысли, книга в печати о русском богоборчестве, интереснейшие статьи о Владимире Соловьеве, Бергсоне, Гуссерле; живет на содержании у отставной мюзик-холльной красавицы, с которой ссорится и мирится каждую неделю.

— Неприятная вещь, Монпарнас, — сказал Володя, поднимаясь.

— Да; только это хуже, чем вы думаете, — ответил Артур. — Я его знаю хорошо.

Они проехали почти до моста Альма. Вдоль avenue Bosquet стояло множество автомобилей, в одном из больших домов был бал. На левой стороне улицы тускло светилось маленькое кафе.

— Зайдем на минуту, хочется пить.

Кафе было набито шоферами и бездомными, оборванными людьми, открывавшими дверцы автомобилей и получавшими за это — кто два франка, кто франк, кто пятьдесят сантимов. Один из таких бездомных, молодой еще человек с темным и обветренным от непрерывного пребывания на воздухе лицом, с выбитыми или выпавшими зубами нечистого рта, совершенно пьяный от двух стаканов красного вина, стоял у стойки и пел. И Артур и Володя прислушались к словам романса. В романсе говорилось, как хороша Италия, как прекрасна природа и любовь.

60

пел бродяга. Володя вдруг поперхнулся от судорожного смеха и быстро вышел на улицу. Артур последовал за ним. Володя продолжал смеяться. — Jamais les deux amants... — начинал он декламировать и останавливался. — Jamais les deux amants... — он опять хохотал, — n'ont connu de soirs aussi doux.. — Потом он сказал:

— Нет, Артур, вы только подумайте, этот человек спит под мостом, питается объедками и заживо гниет всю жизнь. Amour?..[47] Он знает женщин с Севастопольского бульвара от двух до пяти франков. И он поет, — нет, вы только послушайте:

Jamais les deux amants
N'ont connu de soirs aussi doux...

Артур молчал — и смотрел прямо перед собой на Сену и на мост. Ночь, казалось, становилась темнее, холоднее и глубже. С набережной дул сильный ветер.

***

Артур отвез Володю домой, поставил автомобиль в гараж и, несмотря на очень поздний час, снова вышел на улицу.

Сначала он думал о Монпарнасе. Будучи еще студентом, он нередко проводил там целые ночи и с тех пор запомнил все лица, бывавшие там, всех женщин, карьера которых проходила на его глазах, всех этих Жинет, Жаклин, Луиз, которых он видал еще тогда, когда они впервые попадали на Монпарнас — и некоторые из них даже выдавали себя за студенток — они все были молоды и свежи; но за три или четыре года с непостижимой и грустной быстротой полнели, грубели и

---

[46] Никогда еще влюбленные
Не переживали таких дивных вечеров... (фр.)

[47] Любовь?..(фр.)

старели, — так что Артур не сразу узнавал их. Все так же, каждый вечер, за одними и теми же столиками, окруженные печальной монпарнасской сволочью, они просиживали долгие часы, ожидая клиента, потом уходили в один из отелей за углом — и снова возвращались на прежнее место. Все те же художники, бесчисленные художники, — некоторые с папками, некоторые без папок, — прохаживались вдоль столиков, не решаясь сесть до тех пор, пока не встретят знакомого, готового заплатить два франка за их кофе. Поэтов становилось все меньше и меньше — и потому, что поэзия явно шла на убыль, и потому, что для поэзии нужно было хотя бы уметь грамотно писать и чему-то когда-то учиться; и хотя к монпарнасским поэтам никто не предъявлял требований особенной культурности — как, впрочем, ни к кому на Монпарнасе, — все же какие-то зачатки, какие-то проблески культуры надо было иметь, чтобы как-нибудь превысить умственный уровень международного спекулянта, или газетного репортера, или стриженой дамы лет сорока, обожавшей «богему».

«Ce sont des ratés»[48], — думал Артур. Здесь были педерасты, лесбиянки, морфинисты, кокаинисты, просто алкоголики всех сортов, и все эти люди, задыхающиеся от испорченных легких, последнего, неизлечимого кашля, обнаруживающие первые признаки белой горячки, сифилиса, хронических воспалений и тысячи других болезней, вызванных голодом, нечистоплотностью, наркотиками, вином, — презирали «толпу», которой бессильно завидовали — за ежедневные обеды, удобные квартиры и отсутствие венерических заболеваний; и наименее глупые из постоянных посетителей Монпарнаса или те, кому явно недолго уже оставалось жить и не стоило питать несбыточные иллюзии, понимали в глубине души, что ничего никогда не выйдет ни из картин, ни из стихов, ни из романов, потому что нет денег, нет знаний, нет работоспособности и не о чем, в сущности, писать, если только не обманывать себя и других или быть идиотом. Но это

---

[48] «Все они пропащие» (фр.).

понимали лишь немногие: остальные же были твердо убеждены, что рано или поздно их оценят, вспоминали примеры ныне знаменитых художников, принадлежавших в свое время к этой же монпарнасской богеме. — Они забывают, — думал Артур, — что у тех был талант, редчайшая вещь и, кажется, неизвестная на теперешнем Монпарнасе. — Тупая скука была на лицах неподвижных женщин, до которых тоже доходили обрывки споров об искусстве, звучавших, как слова на мучительно непонятном языке, все эти упоминания каких-то иностранных фамилий и сложные фразы, в которых не было ничего ни интересного, ни родного, ни просто понятного, как разговор о заработке, о своей семье — где-нибудь в глухом углу Оверни или Бретани, где нет ни искусства, ни Монпарнаса, а есть сабо, работа, коровы, сведенные мозолистые пальцы и приятный, родной запах навоза; и как ни мало понимали в искусстве спорящие, слушающие понимали еще меньше. — Зачем эти женщины приехали сюда? — думал Артур. — И зачем попали сюда, в среду, которая навсегда останется им чуждой и непонятной, все эти молодые люди из Бессарабии, из Румынии, из Польши, Литвы, Латвии и еще каких-то русских, Богом забытых станций и городов — Кременчуга, Жмеринки, Житомира? Чтобы голодать и пить café-crème[49] и навсегда сгинуть в этой толпе сутенеров и наркоманов, страдающих манией величия и хроническими болезнями?

Артур шел вдоль реки; это были его обычные прогулки — путешествия над Сеной; он заходил далеко, туда, где уже начинали выситься мрачные дома бедных кварталов Парижа, где светились мутные стекла убогих кафе и за цинковой стойкой плохо одетые люди пили красное вино. Тогда он переходил мост и шел обратно, к просторным набережным, по которым свободно гулял ветер — от Конкорд до Трокадеро.

В эту ночь он остановился у перил моста Александра Третьего и долго смотрел на воду; она текла, чуть плескаясь у быков моста, — темная, медленная и густая. Вокруг было совершенно

---

[49] кофе со сливками (фр.).

пусто. Артур закурил папиросу. Сильный ветер поднял рябь на реке. Артур внимательно, не отрываясь, смотрел на поверхность воды — и вдруг вспомнил опять сине-желтый Дунай с невысокими волнами и лодку Victoria, которую он нанимал потому, что ее имя было такое же, как имя женщины, с которой он плыл по Дунаю. Виктория! Он видел ее как сейчас — в синем платье, с босыми смуглыми ногами в белых сандалиях, с белым шелковым платком вокруг загорелой шеи; она лежала на спине, глядя вверх и покачиваясь вместе с лодкой на волнах, и изредка Артур брызгал на нее водой из-под весла, и она приподнималась и говорила ему на своем смешном французском языке: insupportable! insupportable, Arthur![50] Потом они причаливали к пустынному островку, раздевались и шли купаться. Виктория выросла на тирольских озерах и плавала с такой же легкостью, как ходила. Артур любил следить, как она удалялась от высокого берега, поднимая за собой легкую, белую пену. Когда он догонял ее, она внезапно ныряла, он опускался вслед за ней, и они долго плыли рядом, под водой, пока она не поднималась на поверхность и ложилась на спину, заложив руки за голову и не делая ни одного движения.

Он познакомился с ней случайно, приехав со своими товарищами на экскурсию в Вену на два дня; вечером второго дня они все толпой в двадцать человек отправились на ярмарку, убогую ярмарку почти нищей в те времена Вены; крутились скрипящие деревянные карусели, летели шары в вечернем воздухе, и, перебивая друг друга, звучали многочисленные мотивы фокстротов и вальсов. Артур остановился у карусели с деревянными, картинными лошадьми в золотых и бархатных седлах, вращавшимися под стариннейший вальс, хромающая мелодия которого навсегда запомнилась ему. Когда карусель остановилась, женщина в большой белой шляпе, в белом платье, хотела спрыгнуть вниз, но зацепилась и падала с высоты полутора метров; Артур успел

---

[50] несносный! несносный, Артур! (фр.)

заметить выражение испуга в ее глазах. Он поймал ее длинное тело на лету и мягко опустил его на землю.

— Danke schön, — сказала она. — Sie sind sehr stark, mein Herr[51].

Да, это были ее первые слова, сказанные с неповторимой и певучей интонацией. Артур пошел провожать ее домой, по незнакомым улицам Вены, куда-то на Schmalzhofgasse, где она жила. По дороге они зашли в кафе. Артур рассказал, что он англичанин, студент и что он рад видеть хоть одного человека, знающего Вену, так как и он и его товарищи здесь впервые. Она назначила ему свидание на следующий вечер, в этом же кафе; Артур попрощался с ней у порога ее дома и вернулся в гостиницу в состоянии несвойственного ему радостного волнения, напевая вдруг вспомнившееся ему и не перестававшее звучать всю дорогу «O sole mió»[52], и, только поднявшись в свою комнату, вспомнил, что завтра утром он должен уезжать в Париж, где его ждут занятия, курс французской литературы, история экономических доктрин и множество строгих и скучных вещей, таких далеких от карусельной мелодии, белой шляпы, сине-серых глаз и всего, что занимало сейчас его мысли.

Он уехал из Вены лишь много месяцев спустя. Встретив Викторию в кафе — в тот вечер — он сказал: — Теперь, кроме вас, у меня никого нет в Вене. — А ваши товарищи? — Они уехали в Париж сегодня утром. — И вы должны были ехать с ними? — Нет. — Неправда, вы остались, чтобы не пропустить свидания, на котором вы обещались быть. Так должен поступить джентльмен, не правда ли? — Нет, просто человек, которому Бог дал глаза, чтобы видеть вас, — сказал Артур. — Это начало? — Я надеюсь. — Она вздохнула.

Она прожила с Артуром полгода — и все это время он был почти совершенно счастлив. Иногда только он думал, что, в

---

[51] — Огромное спасибо... Вы очень сильный, мой господин (нем.).

[52] «О мое солнце» (ит.); известная неаполитанская песня.

сущности, не знает почти ничего о Виктории, кроме ее имени и фамилии и того, что она старше его на два года, что она была замужем и развелась и что ее мать живет в Тироле. Если Артур начинал ее расспрашивать, она зажимала ему рот рукой, — нельзя быть таким любопытным, Артур. Он настаивал. Тогда она говорила:

— Артур, тебе хорошо со мной?

— Да.

— Ты меня любишь?

—Да.

— Если этого недостаточно, я больше ничего не могу тебе дать, Артур. Это то, что у меня есть. Больше у меня нет ничего. — И Артур замолкал.

Он предложил ей выйти за него замуж — она рассмеялась. — Мой мальчик, если бы ты знал, в какой степени это невозможно! — Но почему? — Не будем говорить об этом.

Она любила, как ребенок, чтобы Артур носил ее по квартире; длинное ее тело казалось особенно легким в его руках. Однажды, обняв его шею и близко глядя в глаза — были сумерки летнего дня, — она сказала с необыкновенным сожалением:

— Ах, Артур, если бы это было возможно!

— Что, моя дорогая?

— Ты не понимаешь. Ты не первый, Артур. Подними меня еще выше, ты можешь? Я бы хотела сейчас, с твоих рук упасть вниз, на мостовую — так, раз навсегда, и ничего бы не осталось, и последнее, что было бы, это воспоминание, что ты держал меня на руках. Артур, бедный Артур! — И она заплакала — в первый и последний раз за все время. Было в ней нечто, чего Артур не знал, — и это не было пустяком, за этим должны были существовать вещи, которых смутное присутствие Артур подозревал, не зная, однако, в чем они заключались. Иногда он говорил себе, оставаясь один, что он совсем не знает Викторию, не знает почти ничего, кроме ее тела и голоса, легкого, глубокого и нежного, как голос, который слышался ему точно из далекого детства. Иногда утром, после очередной попытки неудачных вечерних расспросов — ах, Артур, ты неизлечим, ты все так же напрасно любопытен, — он с сумрачной нежностью смотрел на это чужое и прелестное лицо с закрытыми глазами, и ему хотелось разбудить Викторию и сказать: проснись и расскажи мне все.

Но при первых звуках ее голоса он забывал о своих вопросах. Последние дни Артура в Вене были особенно тягостны для него. Виктория внезапно раздражалась, чаще хмурила свои тонкие брови. — Артур, ты должен уехать. Может быть, мы с тобой еще увидимся. Ты не будешь обо мне вспоминать дурно, Артур? — Нет, почему? Я не уеду, я ничего не понимаю. В чем дело, Виктория? — Ничего, Артур; тебя, наверное, ждут в Париже? — Нет. — Никто не ждет, Артур? Ни мать, ни сестра, ни любовница? — Нет, Виктория, у меня нет сестры, моя мать в Лондоне; и у меня нет любовницы. — Правда, Артур? И даже ни одной petite femme?[53] — Нет, Виктория, у меня нет никого, кроме тебя. — Какой ты бедный, Артур, ты и сам не знаешь, какой ты ужасно бедный. — Виктория! — Нет, ничего. Мы идем в кинематограф? Ты обещал, Артур.

И однажды утром она исчезла. Она не оставила ни записки, ни клочка бумажки — ничего. Артур спустился вниз, и ему сказали, что Виктория уехала с небольшим чемоданом. Он вернулся наверх и долго ходил по комнате, не зная, что делать. Он позвонил на прежнюю квартиру — там ничего не знали. Он провел так две недели и наконец уехал из Вены, ничего не понимая, кроме того, что ему несомненно тяжело, пусто и тревожно. Была поздняя весна: летом и осенью он возвращался в Вену, но всякий раз его розыски оставались тщетными, и

---

[53] 1 малышки (фр.).

кончилось тем, что он почти потерял надежду когда-либо увидеть Викторию.

* * *

— Николай, что делает твой брат?

— Милая Вирджиния, я мог бы тебе ответить, как Каин: разве я сторож моему брату? Но я тебе просто скажу, что не знаю. И он ведь вообще ненормальный.

— Ненормальный? Почему, Николай?

Разговор происходил вечером в кабинете Николая: Вирджиния стояла у полки с книгами, заложив руки за спину и опирась на толстые тома, в которых трактовались вопросы экономического и статистического порядка. Николай сидел за столом перед раскрытым полицейским романом со сложнейшей интригой и многочисленными револьверными выстрелами: в романе фигурировали и пустынные ночные набережные Сан-Франциско, и Бродвей, и Вашингтон, и множество персонажей, принадлежащих то к аристократии, то к полиции, но в одинаковой степени подозрительных. Николай очень любил такие книги; и когда Вирджиния презрительно отзывалась о них, он протестовал: — Нет, нет, ты не права. Это все-таки большое напряжение фантазии и очень увлекательно. Посмотри, как все сложно, и до конца не знаешь, кто преступник. Л если даже знаешь, можно сделать вид, что не знаешь. — Ты, однако, согласен, что это глупо? — Да, ну, это бесспорно, — говорил Николай, — Но интересно. И на следующий день он опять принимался за очередное убийство в каком-нибудь сквере с одноруким преступником и проницательным инспектором Скотланд-Ярда.

— Почему он ненормальный? Я тебе сейчас объясню. — Он подумал минуту и сказал: — Видишь ли, он фантазер и путешественник: он не такой, как другие. Мы живем среди чувств, которые мы испытываем, и вещей, которые нас окружают. Нам этого достаточно, Вирджиния, правда? А

68

Володе недостаточно. Его все тянет куда-то, ему все чего-то не хватает. Он лежит на спине и придумывает необыкновенные истории, в которых сам участвует, или ходит без толку по городу, точно ищет что-нибудь, точно что-то потерял. А что? Спроси его, он сам этого не знает. Вот почему я говорю, что он ненормальный.

Внизу позвонили. Незнакомый мужской голос говорил какие-то слова, которых нельзя было разобрать. Потом раздался стук в дверь кабинета, и вошедший субъект в черном пальто и котелке сказал Николаю, что его брат был сбит с ног автомобилем на бульваре Strasbourg и отвезен в госпиталь. Николай быстро вышел в переднюю. — Я с тобой, — сказала Вирджиния. — Он только кивнул головой. Николай вывел из гаража автомобиль, и они поехали в госпиталь, где лежал Володя. — И надо же было! — повторял Николай. — Идиот, наверное, был пьян. — Вирджиния понимала, что это относилось к шоферу автомобиля, наехавшего на Володю. — Если бы я был там! — говорил Николай, нажимая одновременно на гудок и акселератор.

Володя лежал на кровати. Лицо его было забинтовано. — Он очень опасно ранен? — спросил Николай, сняв шляпу со своей курчавой головы. — Повреждена голова, правая рука, и сломано ребро, — сказала сестра. — Но?.. — Надо надеяться.

Володю перевезли домой, Николай и Вирджиния уложили его в постель; по телефону Николай вызвал сиделку и до поздней ночи пробыл в комнате Володи, который бредил и не приходил в себя.

Бесконечная желтая дорога все вилась и вилась перед глазами Володи. Травы и ковыль росли по ее краям, ветер с легким треском катил по ней гальку, такую же, как на морском берегу. Тень чьих-то крыльев бесшумно ползла по ней. — Орел? — думал Володя и вдруг видел ворона, улетавшего куда-то вправо. — Да, ведь тень все увеличивает. А почему нет столбов вдоль дороги? — Но дорога начинала потихоньку шуметь и бурлить, и Володя замечал, что это уже не дорога, а синий поток, уносящий его в неизвестные края. — Что это за страна? — Только небо было знакомое, милое домашнее небо с белыми барашками и одиноким обтрепанным грозовым облачком. Вот чья-то черная лодка у берега. — Боже мой, ведь я, кажется, раздет, — думал Володя. Он посмотрел на себя — на нем был гимназический мундир с белым крахмальным воротничком — как глупо, воротничок только давит шею, ведь теперь лето. Мундир был расстегнут и серые гимназические брюки тоже. Он силился застегнуть их, но не мог достать — и внезапно увидел женскую руку с блестящими ногтями, которая быстро, уверенно и ловко застегнула все пуговицы. — Слава Богу, теперь все прилично, — все шумело, как река, и двигалось перед ним; на грозовом облачке сначала появились квадратные края, потом совершенно расплылись и исчезли, и, вглядевшись, Володя увидел картину: массивный старый дуб с резными листьями, рядом с ним береза, под ними зеленый берег тихого залива, и на берегу, весь осыпанный дрожащим, пятнистым светом пробивающегося сквозь листья солнца, стоит с двухстволкой охотник в ярко-зеленом костюме. — Ах, да, это наша картина, висевшая в столовой, — вспоминал Володя, — как же она попала сюда? — Я здесь, Володя, — сказал чей-то голос из-за спины. Он силился увидеть, кто это говорит, но не мог, и голос слабел и удалялся. — Если ты не увидишь меня сейчас, ты не увидишь меня никогда. — Володя сделал необыкновенное усилие, чтобы повернуть голову, повернул — и вдруг все грозно ухнуло и потемнело, и долго ничего не было видно, пока не застучал по звонкой крыше частый и сильный дождь. Он струился все сильнее и сильнее, он тек уже по лицу Володи и попадал в рот и был теплый и соленый.

— Он резко повернулся и дернул головой, — говорила Вирджиния Николаю, — и вот, ты видишь, кровь просачивается сквозь повязку и заливает ему лицо.

Дождь стих, влажный ветер мягкими бархатными кругами летел вокруг Володи. Вдалеке шумел лес; в лесу росли вперемежку с ольхой, кленом тяжелые каменные кресты. Кто-то ехал вдалеке в длинной повозке, фыркала лошадь, стучали подковы по крепкой, глинистой дороге. Все опять стало темнеть в глазах Володи, все тихо скрывалось. Явственно доносились, часто произносимые протяжным голосом, давно знакомым Володе, все те же слова: до свиданья, до свиданья! — Ты понимаешь? — говорил в это же время чей-то другой голос. — Ты понимаешь? До свиданья? — А может быть, я просто умираю? — подумал Володя. Черные волны внезапно показавшегося моря шумели и разбивались где-то вблизи. И Володя сам из страшной дали увидел себя: он лежал на песчаном берегу под высоким желтым обрывом, с которого свешивалось чье-то огромное и неподвижное лицо с медными волосами. Все было пусто и жутко вокруг, лишь шумела вода невиданной, непроницаемой черноты и низкое небо осталось прорезанным длинным крылом, исчезнувшим стремительно и беззвучно.

У постели Володи стояли Вирджиния, Николай и доктор. Засунув руки в карманы, доктор внимательно, как казалось, смотрел на ту часть лица Володи, которая была видна из-под перевязки. Николай несколько наклонился вниз; Вирджиния крепко сжимала его руку.

— Я надеюсь, — сказал доктор, — что все кончится благополучно. Но рана на голове довольно серьезна. Главное, это чтобы он не двигался.

— Володя! — сказал Николай.

И вдруг глаза Володи открылись. Светлый, непонимающий их взгляд остановился сначала на Вирджинии, потом на Николае, потом перешел на доктора. Затем глаза закрылись и снова открылись, и очень тихо, так что трудно было расслышать, Володя произнес:

— Я понимаю. Это Вирджиния и ты. Но кто же третий?

— Тебе лучше? — сказал Николай. — Третий — это доктор. Как ты себя чувствуешь?

— Я очень устал.

— Постарайся заснуть.

— Хорошо. До свиданья.

— До свиданья, — улыбнувшись в первый раз за все время, ответил Николай. И они вышли из комнаты Володи.

Свой первый визит после выздоровления Володя, еще не очень твердо державшийся на ногах, сделал Александру Александровичу. Это объяснялось тем, что в течение дня Володя ходил по комнатам и решение выйти на улицу принял лишь в половине двенадцатого вечера. Этому предшествовал разговор с Николаем.

— Я не виноват, что ты идиот, — кричал Николай. — Ну, куда тебя черт несет, на ночь глядя? Ну, признай же сам, что это чистейший идиотизм. Ты лежал три недели, как последняя собака, потом поднялся, и изволите видеть, monsieur намерен совершить ночную прогулку.

— Не кричи, Коля.

— Я не кричу, — мгновенно успокоившись, как всегда, сказал Николай. — Я только хочу тебе сказать, что ты поступаешь неправильно.

И когда Володя надел пальто, то рядом с ним оказался Николай — тоже в пальто и шляпе.

— Ты, Коля, куда?

— Я тебя одного не пущу. Спорить тебе не советую, бесполезно.

Они вышли вдвоем; от свежего холодного воздуха Володя вдруг почувствовал слабость в ногах и покачнулся. Крепкая рука Николая придержала его за локоть.

— Эх ты, Геркулес!

Володя медленно шагал рядом с Николаем. Потом сказал:

— Знаешь, Коля, ходить мне действительно трудно. Я поеду в гости.

— Не поздно ли, Владимир Николаевич? Первый час ночи.

— Нет, я к Александру Александровичу.

Николай остановил такси и поехал вместе с Володей в Латинский квартал. Автомобиль остановился у дома, где жил Александр Александрович. Николай проводил Володю до дверей.

— Кланяйся, пожалуйста, Александру Александровичу. И возвращайся домой благополучно. Автомобиль будет тебя ждать.

— Спасибо, Коля, спокойной ночи.

Николай посмотрел наверх — окна у Александра Александровича были освещены. — Он подождал пять минут, потом сел в автомобиль и сказал шоферу:

— Отвезите меня на rue Boissière. Потом вы вернетесь сюда и будете ждать моего брата.

Комната была большая и белая, вдоль потолка шли матовые стеклянные цилиндры; не было ни ламп, ни мебели — только у одной из стен стоял длинный и высокий стол, на котором Александр Александрович обычно рисовал. Висело несколько окантованных рисунков: голые женщины и мужчины, очерченные нежными, воздушными линиями и точно летящие в воздухе, набросок лошади, похожей на стремительное чудовище, и два цветка гигантских размеров и причудливой формы. Во второй комнате стоял большой и тяжелый стол, широкий диван и два кресла под полкой с книгами. Там царствовала Андрэ, всегда в резиновых туфельках, бесшумная, быстрая и насмешливая.

К Александру Александровичу никто не приходил. Давно уже он отошел от своих прежних товарищей, давно уже тот мир, в котором он жил, рос и учился, ушел от него навсегда, сменившись десятками новых представлений, сквозь которые проходило его воображение; все окружающее было непрекращающейся пляской линий, цветов, очертаний; иногда проявлялись случайные, всеобъясняющие идеи, объединявшие на секунду весь мир в одну хрупкую гармоническую систему; потом все рассыпалось с легким, стеклянным треском, и опять начиналась погоня за чем-то, неуловимо скрывавшимся повсюду — в позе бродяги у церкви Notre Dame, в изгибе лошадиной спины на дождливой парижской улице, в неожиданном, каменном взмахе старинной башни где-нибудь в Пикардии, летом, во время каникул Александра Александровича.

Андрэ разделяла — одна только Андрэ — с Александром Александровичем его неправдоподобное существование, похожее на фантастический роман. Он излагал ей свои идеи, идущие так далеко от обычных предметов разговора, говорил, беспорядочно и сбиваясь, о музыке линий, о не знала, — путая русские и французские слова, останавливаясь, задумываясь и чертя в воздухе углы и полукруги своими длинными пальцами. — Ты понимаешь, Андрэ? — Приблизительно. — И Александр Александрович садился чертить свой очередной проект со сложно пересекающимися черными и красными линиями, и, когда Андрэ долго смотрела на их сплетения, у нее начинало рябить в глазах, — она уходила в соседнюю комнату, где ее ждала уже начатая книга. Утром Александр Александрович шел в свое бюро и сидел до четырех или пяти часов вечера за вычислениями и проектами построек, потом возвращался домой. Обедали они в ресторане; Александр Александрович чаще всего ложился спать в семь часов вечера, вставал ночью, часа в три, и долго ходил по комнате, заложив руки за спину и повторяя вслух отрывочные и бессвязные слова; или садился на высокий табурет к столу — и под его карандашом появлялись вызываемые им к бесшумной и фантастической жизни чудовища, люди, фавны и звери, населявшие его неутомимое зрительное воображение. Все, чем жили люди, с которыми ему приходилось сталкиваться, все, о чем говорили его прежние товарищи из École des Beaux Arts[54], все, из чего состояло их существование, все, о чем Александр Александрович изредка читал в газетах, — все это было бесконечно чуждо ему. Он жил в ином воздухе — особенного, хрупкого искусства, где сплетались в неправдоподобных соединениях законы физики или химии с отдельными строчками стихов или полузабытыми музыкальными мелодиями, отдельные, почти магические слова со струящимися, неверными линиями исчезающих, как во сне, изображений, где проплывали — высоко над головой — душные и знойные потоки внезапно раскаленного и омраченного воздуха — эти минуты особенно хорошо знала Андрэ. Потом опять проходил точно медленный снежный ураган по комнате, и вновь особенно чисто, хрустально и звонко клубилась прозрачная мелодия под потолком.

Так жил в Париже, на улице Четырех Ветров, Александр Александрович Рябинин, бывший поручик артиллерии, далекий от всего мира — путешественник, как сказал бы о нем Николай. Володя приходил к нему — чаще всего глубокой ночью; появлялся на пороге незапертой двери, с потухшей от рассеянности папиросой во рту. — Здравствуйте, Александр Александрович. — Здравствуйте, Володя. — Андрэ спит, я ее не побеспокою. — Нет, нет, садитесь, пожалуйста, — Александр Александрович делал жест рукой, забывая, что сидеть было не на чем. И начинался разговор, состоящий из полуслов, намеков, цитат.

— Я вспомнил, Александр Александрович, не знаю почему, случайно... Помните этот вечный монотонный мотив: «положи меня, как печать, на сердце твоем...»

---

[54] Школа изящных искусств (фр.).

— Да, да, я вижу: зной и песок, и каменный храм, и легкое тело Суламифи под деревьями, горячая ночь, южный воздух и последняя, самая последняя надежда: «положи меня, как печать, на сердце твоем», потому что уже известно, что все остальное суета: власть, мудрость, богатство и — «я, Екклезиаст, был царем над Израилем во Иерусалиме». Итак, может быть, еще возможно...

— Но ведь он понимал, Александр Александрович.

— Он хотел остановиться, Володя.

— Теперь второе: помните ли вы, когда и как это началось — движение, в котором мы находимся? Я вот не помню: мне кажется всегда — точно сон и медленно летишь во сне: одно идет за другим — а вокруг растет трава или бурьян. Я задумался, кажется, впервые в поле — и вот с тех пор все точно снюсь себе — и ничего не знаю. А вы помните, когда это началось?

— Помню, Володя, у меня это началось поздно.

— Да, и как же?

И Александр Александрович еще раз вспомнил ту минуту, с которой, как казалось ему, началось его путешествие. Он был тогда болен; все его тело от головы до пят было покрыто гнойными овальными язвами, по краям которых копошились бесчисленные вши; белье прилипало к ранам, при каждом движении отрывалось от них и снова прилипало — и глубокой осенью, последней осенью гражданской войны в России, в зеленой армейской шинели, с винтовкой за плечом, Александр Александрович, отставший от своей батареи, шел на юг по черной земле, поминутно вздрагивающей от поднимающихся разрывов. Он давно устал, давно шагал только по инерции, десятки людей, конных и пеших, перегоняли его, проехало несколько подвод — не подвезете ли? — спрашивал Александр Александрович и получал неизменный ответ: к... матери! Он продолжал шагать по замерзшей земле; поздний октябрьский день близился к концу, идти становилось все труднее — как вдруг, в одну неожиданную секунду, все горячо ахнуло вокруг Александра Александровича, он ощутил острую боль в животе и груди и прямо, не сгибаясь, упал на холодную землю: винтовка тяжело ударила его по голове.

Когда он очнулся и открыл глаза, было пустынно и ветрено, не было слышно ни голосов, ни шагов. Кровь запеклась на обрывках шинели, больно резал кожу золотой погнувшийся крест на тоненькой цепочке. Снег и град били в лицо Александра Александровича, падая сверху косыми линиями и затекая потом под затылок. Далеко вокруг свистел ветер, гудели вдоль дороги черные столбы.

Александр Александрович не мог шевельнуться. Почему-то вспомнились ходули, река, домашняя кровать со стеганым синим одеялом, географический атлас с яркими красками и зеленой поверхностью тропических стран, вспомнился бородатый воспитатель в кадетском корпусе, стенные часы с гулко щелкающим маятником, мраморный крест с золотыми буквами на могиле отца и уютная решетка фамильного склепа с постоянно горящей лампадой внутри и железными листьями искусственного венка. — Где все это теперь? Что значит все остальное? — спрашивал себя Александр Александрович. — Ах, Саша, ты такой у меня художник! Теперь был ледяной дождь и рассвет бесконечно далекого, враждебного дня, и пустое поле в холодной России. И не оставалось ничего, кроме начала иного беспощадного существования; и с той минуты все изменилось и исчезло. Не было ни смысла, ни воспоминаний, ни любви, во всем мире не было ничего, кроме ледяного дождя, и обрывков кожи на ране, и язв, в которых кишат вши. Россия, родина, — как фальшиво и не нужно — с медными трубами, барабанами и гимном — такая густая, такая торжественно глупая музыка. Нет, не осталось ничего.

И тогда впервые легкий хруст ветра в вытоптанной траве раздался недалеко от Александра Александровича. Он тихонько звенел и воздушно сыпался сверху, точно в воздухе летел прозрачный водопад легких звуков, теней и отблесков какой-то неотразимо прекрасной жизни — выше земли и дождя и этого бедного тела с разорванным животом. Далекие мелодии умирали в светлеющем воздухе, все *лилось* и *сверкало* вокруг Александра Александровича. — Я понимаю, — хотел он сказать и не мог, и закрыл глаза.

Второй раз он пришел в себя на больничной койке, в госпитале. Через два месяца он выздоровел и встал, — но уже в глазах его застыло навсегда то восторженно-чужое выражение, которое знали все, кто встречался с ним теперь, и которое не знали его прежние товарищи, — то же самое выражение, с которым он жил в Париже, — один в высокой и белой комнате, не разговаривая ни с кем, кроме Андрэ и Володи.

Володя знал Александра Александровича еще по Севастополю, где они ежедневно встречались в ресторане за обедом; Александр Александрович был тогда юнкером. Они говорили о литературе и Библии — конечно, — и так продолжалось несколько месяцев. Потом Володя встретил Александра Александровича в Париже, стал к нему приходить и познакомился с Андрэ, которая сначала невзлюбила его.

— Он слишком хорошо говорит по-французски, — объяснила она Александру Александровичу. — Он никогда не ошибается, у него такие длинные и красивые фразы — и он так невыносимо правильно произносит и так сложно говорит.

Когда Александр Александрович сказал это по-русски Володе в присутствии Андрэ — она, начинавшая понимать по-русски и догадывавшаяся, о чем идет речь, внимательно смотрела на обоих. — Володя улыбнулся и ответил, обращаясь к ней:

— Vous avez tort, Andrée, voyons[55]. Я говорю так «красиво и сложно», потому что недостаточно хорошо знаю ваш язык. Вы понимаете? Я — как человек, попавший в чужую квартиру: я

---

[55] — Вы ошибаетесь, Андрэ, понимаете (фр.).

знаю назначение всех предметов, которые в ней находятся, но я не хозяин, я с ними слишком бережно и неумело обращаюсь.

И Андрэ примирилась с Володиным французским языком. Иногда Александр Александрович просил Володю развлечь Андрэ: — Поведите ее в кинематограф, а то она все со мной да со мной.

— Andrée, nous allons au cinéma. — Avec vous? — Mais parfaitement. — Et Alexandre? — Le vieux restera à la maison[56].

Они вышли в тот раз на улицу, был дождь. — Вы знаете, Андрэ, когда идет дождь — вы заметили? — такое впечатление, что все струится, — здания, улицы, все; и вдруг вам начинает казаться, что весь этот каменный мир сдвигается и уплывает, что-то вроде того давнего человеческого представления, которое должно было создать миф о потопе. Я бы даже сказал, что это грустно, Андрэ.

— Âme sensible, allez![57]

Она была очень насмешлива — и чувствительна. Сначала она была только насмешлива. Но потом, после нескольких разговоров, она стала доверчивее. — Я теперь никогда не буду счастлива, Володя, — говорила она. — Вы подумайте, я живу в такой необыкновенной атмосфере, в таком постоянном душевном напряжении. После Александра мне все другие кажутся ничего не понимающими людьми. Я знаю, что он, может быть, сумасшедший, но вне этого я не могу теперь жить и никогда уже не смогу, наверное. Но вы тоже сумасшедший, Володя, иначе о чем бы вы с ним разговаривали?

— Сумасшедший? О, Андрэ, бесконечно меньше и совершенно иначе. Я просто мечтатель.

---

[56] — Андрэ, мы идем в кино. — С вами? — Конечно. — А Александр? — Старина останется дома (фр.).
[57] — Идемте, чувствительная душа! (фр.)

79

— Да, может быть. Но и Александр, и вы — я никогда не видела таких людей. Я выросла в совсем иной среде. — И она рассказывала Володе о своем детстве в Авиньоне, — строгий дом, мать, братья — это нельзя, это недопустимо, это неприлично, платья должны быть такой длины, — как если бы самые длинные платья могли превратить то, что находится под ними, в нечто другое, совсем приличное, совсем comme il faut[58] — а вместе с тем, под самым длинным платьем все то же, что под самым коротким.

— Андрэ!

— Да, мой дорогой.

— Я знаю, Андрэ, я читал о вашем детстве. Я мог бы написать книгу о вашем детстве. Именно так, именно Авиньон, и строгость, и провинциальная французская тоска, и непреодолимое желание сделать что-то абсолютно абсурдное и не comme il faut; и эти холодные комнаты с высокими синими окнами и узкой и твердой кроватью. Да, Андрэ?

Они сидели после кинематографа в угловом кафе; у себя наверху Александр Александрович работал над срочным чертежом. В кафе было почти пусто, они заняли столик в самом далеком углу; и, смешиваясь с трамвайным звоном, до них доходила музыка — скрипка и рояль. Андрэ была очень чувствительна к музыке, она иногда почти заболевала от назойливого мотива, и Александр Александрович говорил, что вся ее жизнь тогда подчинялась этому произвольному ритму, и музыка шла и развивалась, как необычайно удивительное в своей рассказывательной, скользящей рапсодии объяснение всего — сомнений, остановок, высокого синего неба — летом с Александром Александровичем на Ривьере — над морем, в прозрачном солнечном блеске.

---

[58] комильфо (фр.).

— Вас любили женщины, Володя?

Володя вздрогнул от неожиданности. Обрывок мелодии пролетел и скрылся, оставив за собой звуковую, смутную тень воспоминания.

— Нет, Андрэ: ни одна женщина никогда не любила меня. Да, конечно, — сказал он, встретив ее вопросительный взгляд. — Но не любя, Андрэ, а так, по-иному.

— И вы не знаете?..

— Кажется, нет, Андрэ.

Она молчала некоторое время; за нее печально говорила музыка — она лилась, как последний, стихающий дождь, она уходила как река и не оставляла никакой надежды.

— Я тоже долго не знала этого, — сказала наконец Андрэ. — Ничего, что я говорю вам такие вещи?

— Нет, Андрэ, это музыка говорит.

— Да, может быть. Но я это узнала. Так свежо, глубоко и прекрасно, как самый лучший сон. Я не умею рассказать. Володя, вы бы это сделали лучше меня.

— Я этого не знал, Андрэ.

Она пожала ему руку — с сочувствием; они вышли из кафе, звуковой туман стелился за ними, смешиваясь с серым воздухом влажной ночи. На четвертом этаже ярко светилось окно: на секунду к нему приблизился высокий силуэт Александра Александровича и исчез.

— Спокойной ночи, Володя.

Он постоял некоторое время, глубоко задумавшись. Горели фонари, шел дождь, не переставая. Ему стало холодно и сразу захотелось спать — он остановил такси и, дремля по дороге, доехал до дому.

В один из вечеров февраля Володя получил письмо из Берлина от Аглаи Николаевны.

«Милый друг, я надеюсь, что вы не сохраните обо мне слишком дурного воспоминания. Я пишу — воспоминания, потому что, если нам еще суждено встретиться с вами, то не так, как раньше, как в эти вечера, когда вы приходили ко мне, приносили белые розы — и у меня никогда не хватало жестокости вам сознаться, что это единственные цветы, которых я не люблю, — и потом сидели до поздней ночи. Я должна была бы рассказать вам все раньше, но я уверена, что так лучше. По крайней мере, то время, которое вы пробыли со мной, не было отравлено никакими сомнениями и даже — может быть — было, как вы говорите, «извнутри освещено» какой-то, скажем, очень милой надеждой».

Володя прочел эти строки, и им сразу овладело давно знакомое двойное чувство: первое — это холодок внутри и сознание смертельной, непоправимой потери, второе — точно кто-то, насмешливо сочувствующий ему, ей и себе, говорил: это следовало предвидеть: судьба всех иллюзий всегда одинакова. Он прочел дальше: Аглая Николаевна объясняла, что в одном письме она не может изложить всю биографию и что, впрочем, не видит в этом надобности; что, во всяком случае, ее жизнь связана с другим человеком, что Володя должен это понять, не сердиться, «n'avoir pas de rancune»[59] и что она, со своей стороны, желает ему счастья и успехов.

Володя положил письмо в ящик стола и задумался. Кончик письма выглядывал наружу, ящик был набит газетами, рукописями, конвертами и всяким бумажным хламом, который Володя возил с собой повсюду, никогда туда не заглядывая, но не решаясь с ним расстаться. Он не знал, о чем он думал: когда через полчаса того, что он называл душевным молчанием, он вернулся к обсуждению этих вещей, он с удивлением заметил, что мысль об Аглае Николаевне потеряла

---

[59] «не таить зла» (фр.).

свою болезненность. И только печаль, постоянная печаль стала сильнее и прозрачнее, — но это не было сожалением об Аглае Николаевне, это была печаль вообще, но только вызванная сейчас этим эпистолярным исчезновением. Голос Вирджинии позвал Володю в столовую, он вышел из своей комнаты, точно оставив там тающее облако грусти, — и за столом смеялся шуткам и аппетиту Николая.

* * *

Подобно тому, как всякое напряжение должно рано или поздно найти себе выход, как нагреваемая вода взрывает тяжелые стальные стенки котла, как ломается лед на реке со страшным пушечным шумом — подобно этому всякий период человеческой жизни, состоящий из постоянно накопляемого отчаяния, бессилия что-то сделать, тоски и задыхающегося, безнадежного ожидания невозможных вещей, — должен кончиться либо смертью и тишиной, либо катастрофой. Так думал Артур в последнее время. В течение двух лет он не знал ни одного дня душевного спокойствия. Он метался из стороны в сторону: ездил в Англию, занимался боксом, погружался в книги, проводил целые дни в воде, тренируясь в плавании, — и все не мог забыться. Однажды, шагая беспечно по улице, он встретил Одетт. — Здравствуйте, Артур, — сказала она своим обычным голосом, которым разговаривала почти со всеми мужчинами — так что со стороны можно было подумать — по этому звуку ее голоса, — что ее с Артуром соединяет долгая любовь и множество одинаково понятых чувств, — почему вас нигде не видно? Куда вы идете? — Никуда, собственно.

Она держала в руках какие-то свертки. — Помогите мне это нести, и идем ко мне обедать, voulez-vous?[60] — Я боюсь вас стеснить. — Ne dites pas de bêtises, venez[61]. Будет еще два человека.

---

[60] согласны? (фр.)

[61] — Не говорите глупостей, идем (фр.).

Артур послушно взял ее пакеты и пошел. В ее квартире — квартира была особенна тем, что всякий, кто туда входил, тотчас же испытывал желание лечь — почему, этого никак нельзя было объяснить, что это было именно так; и хотя там были кресла и стулья, но они носили явно второстепенный характер, и главными предметами казались именно диваны — он застал одного молодого композитора, с которым был давно знаком, застенчивого, краснеющего и очень талантливого человека, и еще одного «субъекта», как внутренне назвал его Артур. Субъект был отлично одет, носил маленькие черные усики; глаза у него были миндалевидные и сладкие, волосы черные, как черный лак, такие же блестящие и подбритые выше висков, чтобы лоб казался больше. Во время обеда он рассказывал на плохом французском языке — он был австриец — о своих «приключениях» в больших гостиницах разных городов, на курортах, на море, вообще везде. На лице композитора после первого же его рассказа установилось выражение смертельной скуки, так и не сходившее до конца. Артур почти не слушал его, поглощенный собственными мыслями. Одна Одетт живо интересовалась всеми подробностями и вместе с рассказчиком переживала, казалось, все эти приключения.

— Да, — говорил этот человек, он был доктор, фамилия его была Штук, — но самая замечательная женщина, которую я знал, была венка, ее звали Виктория, Виктория Тиле.

Артуру показалось, что все поплыло в его глазах, ему сразу стало необычайно душно, лицо его мгновенно побледнело. Но он сидел в тени, и так как он не сделал ни одного движения, то никто ничего не заметил.

— Она была, к сожалению, просто женщиной легкого поведения, — продолжал доктор. Слова его приглушенно доносились до Артура. Бессознательно напрягая все мускулы своего тела, сделав над собой страшное усилие, чтобы сдержаться, Артур сам с удивлением услышал собственный вежливый голос, просивший доктора продолжать свой интересный рассказ.

— ...Очень, очень сентиментальна... Какой-то роман с молодым англичанином, студентом, о котором она рассказывала в самые, вы понимаете, неожиданные и неподходящие минуты, — пот катился по изменившемуся лицу Артура, — которого она, понимаете ли, любила больше всего в жизни, но от которого ушла, так как считала себя недостойной стать его женой. Англичанин был, по-видимому, глуповат, насколько я сумел составить себе о нем представление. Со мной она хотела остаться, в данном случае, — доктор засмеялся, — она не считала себя недостойной. И я должен был указать ей на ее истинное положение и на то, что я не могу позволить себе роскоши... вы понимаете, я женат, меня знают в Вене, и вдруг... Затем, когда нужно было расставаться, она попросила у меня денег, ей, как она сказала, было нечем платить за квартиру. Милая моя, мне-то уж не следовало бы рассказывать такие вещи, я ведь не англичанин. Я не англичанин, — с удовольствием повторил Штук. — И я уехал. Но она была очень хороша.

Артур не помнил, как он вышел вместе с молодым композитором и доктором, как он дошел с ними до avenue de la Motte Picquet, где они расстались. Но, вспоминая потом все, что произошло, он с удивлением убеждался, что не сделал ни одной ошибки.

Был поздний час, улицы были пусты. Он подошел к доктору Штуку, когда тот поднимался к Трокадеро по avenue du Président Wilson. Он взял его за плечо. Доктор с удивлением обернулся. Артур навсегда запомнил это испуганное лицо с маленькими усиками и подбритыми выше висков волосами.

— Вы знаете, что вы мерзавец? — почему-то по-немецки сказал Артур. Больше не было произнесено ничего. Артур не мог выговорить ни слова и только сжимал все сильнее и сильнее шею доктора своей рукой в кожаной, похрустывающей перчатке. Неподалеку отчаянно и часто — как казалось тогда Артуру — звонил колокол. Доктор уже перестал хрипеть, тело его обвисло, руки опустились в последний раз. Артур протащил его несколько шагов. Навстречу ему, спускаясь по тротуару, прошел пожилой рабочий с сумкой за плечом, из которой выглядывало горлышко бутылки. Он тупо и вместе с тем боязливо посмотрел на Артура и молча прошел мимо, ускоряя шаги. Артур бросил доктора, затем, подумав секунду, вытащил из его карманов бумажник с документами и деньгами, два письма, несколько квитанций и записанных адресов, pochette и надушенный носовой платок, потом засунул руки в карманы и медленно пошел наверх. Была неожиданно теплая февральская ночь, мягко блестели звезды. Артур дошел до дому, не встретив ни одного человека. Он вошел в кабинет, лег на диван и мгновенно заснул.

Едва за Артуром закрылась входная дверь дома, где он жил, на улице показался небольшой полицейский автомобиль. Доехав до неподвижно лежащего тела доктора, шофер замедлил ход и вопросительно обернулся назад: один из полицейских пожал плечами — и автомобиль поехал дальше. Но еще через десять минут двоих полицейских на велосипедах заинтересовал человек, зимней ночью лежащий на каменном тротуаре. Они подошли к нему вплотную, один из них потряс мертвое плечо, и еще через некоторое время санитарный автомобиль увез доктора Штука, победителя стольких женских сердец.

Артур прочел на следующий день в вечерней газете в отделе faits divers[62] о найденном трупе на avenue du Président Wilson, об убийстве и невозможности установить личность убитого. Осмотр тела, не потребовавший даже вскрытия, показал, что смерть последовала от удушения. Прошел еще день, Артур ждал появления свидетельского показания старого рабочего, но показания не было. Он отправился в морг и увидел голое тело доктора — ошибки быть не могло. Он вышел оттуда с некоторой тяжестью ниже груди и легкой головной болью.

---

[62] хроники (фр.).

Документы, бумажник и письма доктора — среди них оказался конверт с адресом Виктории — давно были сожжены в камине при помощи сильного пламени паяльной лампы, которую Артур купил на следующий день в большом магазине на rue de Rivoli. Убедившись наконец, что единственный свидетель того, как он тащил тело доктора, молчит, не желая, по-видимому, ни осложнений, ни допросов, ни фотографий в газетах, — старому рабочему было совершенно все равно, кто и почему убит, — Артур понял — что это преступление останется нераскрытым, как тысячи других. Он был у Одетт и спросил ее о докторе — она ответила, что доктор должен был на следующий день уехать в Вену и почему-то не зашел попрощаться; впрочем, она была уверена, что он просто не успел этого сделать. Тот факт, что несколько дней тому назад на avenue du Président Wilson было найдено тело задушенного человека, остался ей неизвестным — она не читала газет; впрочем, даже если бы она прочла об этом, она все же была бы чрезвычайно далека от предположения о том, что задушен был именно доктор Штук, а не кто-нибудь другой из четырех миллионов жителей Парижа.

Так кончилась жизнь доктора Штука, и точно так же, как Одетт, никому другому тоже не пришло бы в голову искать в очередном трупе парижского морга, перенесенном потом в анатомический театр, — доктора, милого Макса, который так хорошо шутил, так легко относился ко всему и у которого было такое великодушное и любвеобильное сердце. Доктор Штук, Макс Штук, австрийский подданный, врач по женским болезням, принимавший ежедневно от двух по шести, уехал однажды вечером с Westbahnhof[63]: поезд, увезший его, много раз возвращался и снова уходил с того же Westbahnhof, но никогда больше из-за стекла синего вагона «Compagnie internationale des Wagons-lits et grands express européens»[64] не показалась улыбающаяся физиономия Макса с маленькими

---

[63] Западного вокзала (нем.).

[64] «Международная компания спальных вагонов и европейских экспрессов» (фр.).

усиками и выбритыми висками. И только через месяц после его отъезда широкоплечий, очень хорошо одетый мужчина, проходя мимо его дома, остановился на секунду перед медной дощечкой «М. Штук, доктор по женским болезням. Прием ежедневно, кроме воскресения, от двух до шести», глаза его приняли сумрачно-насмешливое выражение — и он пошел дальше большими, размашистыми шагами; и он был единственным человеком, точно знавшим, почему доктор Штук не примет больше ни одной пациентки, ни от двух до шести, ни в какое бы то ни было другое время.

* * *

Бывают особенные дни в Европе, чаще всего в начале холодной весны, под дождем. С утра он струится сверху вниз, стекает небесной водой с подбородков каменных героев, безмолвных и неподвижных путешественников сквозь долгие годы войны, восстаний, задыхающегося мирного быта еще сытых городов, он тихонько шумит и капает, он течет в тысяче различных направлений; потом с наступлением мутного европейского вечера, затянутого туманным и сумрачным небом, он темно сверкает в свете фонарей; и в стихающем к ночи движении городов — людей, автомобилей — он звучит особенно грустно и неповторимо, все с той же непередаваемой влажной печалью. В такие вечера города грустны, музыка, внутренняя музыка жизни безмолвна, каждый фонарь похож на маяк внезапно возникшего и беспредельного черно-синего моря с каменным тяжелым дном; и издалека в нем движутся, расплываясь сквозь туман и дождь, чудовищные, мутные фигуры прохожих, и ночью, уже в глубокие часы медленно-медленно приближающегося утра, начинает казаться, что тысячи лет тяжело и влажно проплывают мимо окна и что никогда не кончится — как никогда не прекращалась — эта бесконечная ночь, пронизанная миллиардами сверкающих и холодных капель.

Именно в такую мартовскую ночь, ухватившись руками за бархатные занавески, заняв своей громадной фигурой весь темный просвет, Артур глядел сквозь струящееся окно высокой гостиницы вниз, на мостовую, где вскакивали белые пузыри от дождя. На следующее утро он должен был увидеть Викторию. Он не мог заснуть и то принимался ходить по комнате, то приближался к окну и опять смотрел, как бесконечно идет и падает дождь. Было тихо; только глубокий металлический звон часов через равные промежутки времени звучал как напоминание и умолкал, и тишина снова клубилась в комнате.

— Макс Штук, доктор по женским болезням, — опять подумал Артур, и снова лицо с усиками и выбритыми висками мелькнуло и исчезло. Да, с первой же минуты, когда доктор сказал — ее звали Виктория Тиле, — Артур знал, что он убьет его. Он вспомнил, как сразу отяжелели его руки, как пересохло горло и как с самого начала все было известно. Точно в бреду поплыли тогда навстречу улицы, дома, тротуары, такие незнакомые и чужие, — хотя он хорошо знал, знал до последнего камня эту часть Парижа. И приближение к доктору, там, на avenue du Président Wilson; расстояние между ними с каждой секундой уменьшалось — вплоть до наконец наступившего мгновения, когда рука Артура легла на плечо доктора. В ту минуту — Артур твердо это помнил — он не думал ни о Виктории, ни о своей любви, он забыл о них, точно их никогда не существовало, и если бы между ним и доктором вдруг появилась бы фигура Виктории, это ничего не изменило бы и не остановило бы Артура. И испуганное лицо старого рабочего, его одежда и сумка с жалко высовывающимся горлышком бутылки и сухой, непрерывный звук — ноги доктора волочились по тротуару, — все это Артур видел сейчас точно со стороны. Как, в силу какого расчета — в то время как в его голове не было, казалось, ни одной мысли — он спокойно опустошил карманы доктора, чтобы сделать правдоподобной абсурдную версию убийства с целью ограбления и помешать полиции установить личность убитого? Как, почему вообще все это могло произойти? Ни одной секунды Артур не жалел доктора — доктор не заслуживал лучшей участи, это было бесспорно и несомненно. Но все же откуда появилось это непреодолимое чувство убийства, откуда возникло это ощущение тяжелеющих рук и сжимающегося горла — и когда он знал уже нечто похожее?

— Виктория! — вдруг сказал Артур, глядя восторженными, широко раскрытыми глазами в окно, — точно поняв и забыв одновременно, в одну короткую секунду, все, что произошло.

Он подходил к ее дому, когда было около девяти часов утра. Много времени спустя он вспомнил, что заходил по дороге в кафе и пил кофе, что движение на улице было больше обычного; несколько человек задело его и извинилось — он плохо слышал их и не сразу понимал, в чем дело. Наконец он подошел к дому, в котором жила Виктория. Дом был высокий и белый с легкими балконами и большими окнами. Артур вошел через стеклянную дверь и спросил очень тихим голосом, где живет фрау Тиле. — Второй этаж, налево.

Только второй этаж! Артур думал, что это выше, что надо еще идти некоторое время, поднимаясь все выше и выше, пока наконец... Он не мог себе представить встречу с Викторией, не знал, что он скажет, как он посмотрит на нее; он знал только, что теперь уже ничто не могло бы задержать его. Из-за двери первой квартиры слышались звуки рояля. Незнакомый мотив в одной проскользнувшей ноте был похож на карусельный вальс; и он уносил с собой первый вечер в Вене, и белое платье Виктории, и ее первые слова. Еще один этаж, дверь и белая кнопка звонка. Артур нажал ее и, забывшись, долго не отнимал пальца — и звонок дребезжал и катился по проснувшейся квартире. Незнакомое женское лицо выглянуло оттуда, Артур вошел; из дальней комнаты в освещенную переднюю проходил легкий и нежный сумрак спальни. — Что вам угодно? Что вам угодно? — повторил, точно в назойливом сне, женский голос возле Артура. Снизу еще раз всплеснул в воздухе обрывок музыки. Не отвечая, Артур сделал несколько шагов и остановился на пороге комнаты. Со света он неясно видел широкий диван, белые потоки простынь и волосы Виктории. Он не мог идти дальше. Приподнявшись на локте, она всматривалась едва проснувшимися глазами в человека, стоявшего на пороге. Это продолжалось, может быть, одну секунду, потом раздался пронзительный, непохожий на звук обычного голоса Виктории, нечеловеческий крик: — Артур! и следующее, что он увидел — он не знал, как это вышло, — это были глаза Виктории у его лица. Он стоял, не сняв пальто, держа на руках ее тело.

— Артур! Артур! — повторяла она, точно ища в этом имени объяснение того, что сейчас происходило с ней и что было похоже на то, как если бы она летела в мягкую головокружительную пропасть, стены которой гудели, как колокольная медь. — Артур, как я ждала тебя! Артур, — голос ее изменился от проскользнувшего испуга, — пусти меня, я в пижаме, это стыдно.

Он послушно опустил ее на пол, но она уже забыла про пижаму и, положив руки на плечи Артура, продолжала говорить:

— Артур, я знала, что ты вернешься. Ты не мог не прийти, правда, Артур? Как я ждала тебя!

— Виктория! — Это было первое слово, которое он произнес. Он хотел сказать, что теперь уже никогда не уйдет от нее, что они уедут из Вены и что на свете существует самое настоящее счастье, которое дано испытать лишь немногим людям среди миллионов, которые... Он хотел сказать вообще очень много. Но он ничего не говорил и только сжимал все сильнее и сильнее ее тело. — Ты задушишь меня, Артур, — сказала она с жалобной улыбкой, трогательной и покорной, — ты забываешь, как ты силен.

Артур смотрел в ее глаза и молчал.

— Ты думал обо мне, Артур? Ты не забывал меня? Я все точно носила тебя в себе, как ребенка, ты понимаешь, мой мальчик? Это, наверное, смешно, Артур, я говорю «мальчик» о таком гиганте, как ты, Артур, я не смела, я не думала: но если бы ты не пришел, моя любовь была бы с тобой повсюду.

91

Он так и не нашел слов, они исчезли, повелительно уносимые этим последним путешествием, они были далеки, бледны и ничего не выражали; и сколько ни глядел Артур, не отрываясь, в глубину этих минут, он не видел ни одного слова, — было только далекое движение, точно в темноте неизвестного мира, более беспредельного, чем все, что он знал до сих пор, и совершенно невыразимого.

* * *

Вокзал неузнаваемо изменился, свежо и сильно сверкали синие молнии рельс, катился удаляющийся и возвращающийся грохот колес, летели птицы вдоль железнодорожного полотна, и волосы Виктории — у открытого окна — улетали вслед за ними золотым, прозрачным облачком; на первой остановке в поле сладко гудели черные столбы, как шмели над цветами в знойный день, и Артур вспомнил, как давным-давно, еще маленьким мальчиком он читал о песенке земли. Она послушно расстилалась вокруг, то черная, то зеленая; глубокие реки пролетали под грохотом мостов, слоились красные черепичные крыши, и наконец, мартовским вечером, холодным и сверкающим, поплыли навстречу глазам дома улицы La Fayette, огни Opéra и весенние просторы avenue Kléber.

* * *

— Вот мы продаем автомобили, Володя пишет роман, — говорил Николай за обедом. — Автомобили продаются, роман пишется...

— Дальше, дальше, Коля.

— Вирджиния читает книги, Володя пишет роман...

— Волга впадает в Каспийское море, — сказал Володя.

— Именно. Вот ты меня прервал, и я потерял нить мысли. Да, вспомнил. Я хотел сказать, что все наши человеческие дела суть ничто и прах, и доказательство — это что после зимы наступает весна...

— А после весны лето, вслед за которым осень.

— Да, и происходит это так, как если бы не было ни романа, ни автомобилей, ни вообще ничего. Медведь выходит из своей берлоги, змея выползает из-под скалы...

— Ты скажи прямо, в чем дело.

Вирджиния знала, что Николай не произносил бы такой речи, если бы за ней не должен был последовать какой-нибудь план или проект; и судя по тому, что он говорил о погоде и весне, следовало предположить, что он задумал куда-нибудь поехать. Но Николай не уступал.

— У римских ораторов, как это известно всякому бывшему гимназисту, — Вирджиния дернула за рукав Володю, собиравшегося прервать брата, — итак, у римских ораторов речь была построена так: вступление — раз, изложение — два, заключение — три. Не желая быть голословным, я считаю достаточным сослаться на знаменитую и довольно каверзную в синтаксическом смысле речь Цицерона против Катилины.

— Николай!

Но Николай продолжал говорить: в его речи фигурировали и Гракхи, которых он вспомнил одновременно с Цицероном, и соображения о шоссейных дорогах, и хвалебное описание природы — «понимаете, тихий остров в. середине реки, а на острове — камыши и в омуте лилии и шелест травы». — Это в омуте-то у тебя трава шелестит? — Где надо, там и шелестит, — невозмутимо сказал Николай. Другими словами, Николай предполагал в ближайшее время — это происходило в конце мая — предложить Артуру принять участие в автомобильной поездке за город, скажем, в окрестности Фонтенебло. Можно захватить с собой купальные костюмы. Было решено, что

Володя отправится к Артуру и пригласит его. Володя раскланялся и ушел.

За дверью квартиры Артура слышался смех и лай, сразу оборвавшийся после того, как раздался звонок. Горничная открыла дверь, и в эту же секунду показался Артур.

— А, Володя! Милый друг, тысячу лет вас не видел. Здравствуйте. — У него было гибкое и сильное рукопожатие, которое с первого же раза расположило к нему Володю.

— Что это у вас тут — лай и хохот?

— Это моя жена с собакой.

Только тогда Володя вспомнил, Николай за столом говорил, что встретил Артура с молодой женщиной в белом и что она оказалась его женой. — А она красивая? — спросила Вирджиния. — Замечательная, — сказал Николай, — красавица. — Брюнетка или блондинка? Николай задумался. В самом деле, брюнетка или блондинка? Он решительно не помнил этого. — Она была маленькая, «изящная, как статуэтка». — La comparaison est plutôt usée[65], — заметил Володя. — Да, уж ты у нас известный стилист — с черными глазами, большими, как блюдечки. — Как у андерсоновской собаки? — смеялась Вирджиния. — Да, только очень красивыми. — Впоследствии Вирджиния убедилась, что описание Николая совершенно не соответствовало действительности, что жена Артура была высокая, а не маленькая и что глаза ее были сине-серые. И хотя она шутила над Николаем и его ненаблюдательностью, но эта резкая неправильность описания доставила ей удовольствие; и, поймав себя на этой мысли, она с досадой пожала плечами. — Ты такой глупый, Николай, — говорила она ему вечером, когда они остались вдвоем, — ты такой глупый, как же ты не видел,

---

[65] Пожалуй, избитое сравнение (фр.).

что она высокая и что у нее волосы светлые с золотым отливом? А меня ты мог бы описать? Ну, какие у меня глаза? — Не знаю. А нет, знаю. — Какие? — Самые лучшие. — Она поцеловала его и, подумав, прибавила: — А Володя не ошибся бы. — Ну, ведь он специалист. — Почему? — Он писатель.

— ...Да, так на какой же день это назначено? — спрашивал Артур. — На следующую пятницу? Я спрошу Викторию, кстати, представлю вас. Одну минуту.

Он вернулся в кабинет вместе с Викторией. Володя внимательно на нее посмотрел. Первое впечатление, которое она производила, было — что это неправдоподобно, что это экранное изображение, а не живая женщина. Блистательная молодость Виктории сразу заставила Володю вспомнить свои гимназические годы, lady Hamilton, Дину и долгие романтические мечты, целый мир — музыки, женщин, медленного разгона синих волн далекого, воображаемого моря. Это ощущение с такой силой охватило Володю, что он не сразу ответил на первый вопрос Артура, который спрашивал, говорит ли Володя по-немецки.

— Да, да, конечно. — Володя встряхнулся и заговорил по-немецки, чему Виктория по-детски обрадовалась. Проект пикника она встретила с восторгом, и Володя ушел, условившись о том, что в назначенный день в восемь часов утра Вирджиния, Николай и он будут ждать их у подъезда Артура. Провожая Володю, Артур вдруг, неожиданно для самого себя, спросил его:

— Володя, вы свободны завтра часа в два дня?

— Конечно.

— Хотите встретиться? Я вас давно не видел, мы поговорим.

— Хорошо. В два часа у метро Трокадеро.

— Entendu[66].

Все эти месяцы Артур находился в состоянии, которого он никогда не испытывал. Он не знал, что жизнь заключает в себе столько радости, что самые незначительные вещи, которые раньше он делал механически, могут доставлять столько удовольствия — все, вплоть до хождения в магазины перчаток, белья, материй, куда его водила Виктория. Ему казалось, что вся его жизнь до этого времени была чудовищно ошибочна и бессмысленна и что только теперь он жил впервые.

Вечер после визита Володи был такой же густой и счастливый, как другие, неясный и теплый; мягкий струился бордюр обоев на стене; Виктория в мохнатом белом халате, выйдя из ванны, сидела на коленях Артура. — Мы самые счастливые в мире, Виктория, правда? — Он почему-то вспомнил, — может быть, по противоположности ощущения тепла с тогдашним ощущением холода — Россию, позднюю осень, ледяной ветер над пустынной мостовой, пулеметную стрельбу, катившуюся вдоль стен, лохматых, нечищеных лошадей красной кавалерии, нетопленую комнату, заплаканное лицо квартирной хозяйки — какой вы счастливый, что уезжаете в Англию, только дал бы Бог доехать благополучно — и высокие волны Черного моря, и дядю, такого же широкого и громадного, как он сам, отчаянного, веселого и насмешливого. И путешествие сквозь этот незабываемый российский ледяной вихрь.

— Поезда не идут, пути взорваны.

— Артур, мы едем верхом.

И вот — два невысоких коня с непривычными казацкими седлами и отчаянный карьер через пустынную степь с ледяными лужами и сильным ветром в лицо, от которого захватывало дыхание и глазам становилось больно.

— Едем, Артур? Не устал ли мой бедный, хрупкий мальчик? —

---

[66] — Договорились (фр.).

И дядин хохот летел по ветру. — Если лошади пристанут, мы их понесем, Артур? Ты видишь, они совсем маленькие. Ну, едем. — И после короткой остановки — быстрая дробная рысь. Пальцы ног Артура застыли, рука не чувствовала поводьев, но никогда он не сказал бы дяде, что он замерзает. — Молодцом, Артур, еще немного тренировки, и из тебя выйдет настоящий человек, как твой отец, а не бабий угодник, каким бы сделала тебя твоя мать. — И тотчас же по приезде в маленький уездный город, в единственной гостинице с разбитыми стеклами окон, заклеенными бумагой, — три раунда бокса: два синяка на лице Артура, опухший глаз у дяди и на следующее утро — опять такое же путешествие. — Это тебе не салон Констанции, — салоном Констанции, матери Артура, дядя называл все, что имело отношение к женщинам, которых он терпеть не мог и в светской жизни. Тогда Артур разделял его взгляды. Что сказал бы дядя теперь, увидев Викторию на коленях Артура? Салон Констанции? А что сказала бы мать? Артур представил себе ее медленные движения, рассчитанные повороты головы, изученные интонации: — Артур, но эта комната ужасна. Кто мог выбрать такие обои? Артур, разве можно покупать гладкие ошейники для собак? Собака должна быть декоративна, Артур. Все должно быть хорошо подобрано, декоративно и заранее известно. «В этом месте он должен остановиться и сказать: простите, я сделал два липших шага». Больше всего мать Артура любила повторять знаменитый рассказ об офицере, прискакавшем с докладом к Наполеону, изложившем все, что было нужно, и покачнувшемся в седле.

— Vous êtes blessé?[67]

— Non, Sire, je suis mort[68].

— Удивительно, это совсем по-английски, — говорила она. Артур вспомнил ее тщательное французское произношение:

---

[67] — Вы ранены? (фр.)
[68] — Нет, сир, я мертв (фр.).

— Vous êtes blessé? — Non, Sire, je suis mort.

— Да? Из Вены? Но она не говорит по-английски? И даже не свободно по-французски? Это поразительно. У нее большое приданое, Артур? У вас может быть ребенок? Но это невозможно. Значит, я буду бабушкой? Но разве ты не понимаешь, что это абсурд, Артур»?

Володя вернулся домой после короткой прогулки вечером. Николай и Вирджиния были в театре, маленькую девочку давно уложили спать; в квартире было тихо, только рояль изредка чуть-чуть позванивал, когда по улице проезжал грузовик. Володя сел было писать, но ничего не получалось. Он несколько раз вывел свою фамилию, изменяя росчерк — В. Рогачев, В. Рогачев, В. Рогачев, потом вкось написал:

«Что день грядущий мне готовит?» —

и задумался. Легкие шаги по коридору вдруг привлекли его внимание. Он поднялся, открыл дверь и увидел няню, молодую девушку, только что вышедшую из ванной. Он посмотрел на часы: было половина десятого. В коридоре было темно; и, когда няня поравнялась с комнатой Володи, он заметил, что на ней был только легкий капот.

— C'est vous, Germaine?[69] — сказал он вдруг изменившимся голосом. Он видел ее белое тело у шеи, где сходились полы капота, и руки — рукава Жермен были засучены, — ее ноги без чулок. — Qu'est ce que vous faites? — Je rentrais chez moi, monsieur Vladimir. — Venez donc pour un instant[70], — сказал он, не узнавая своего голоса и понимая, что он не может сейчас иначе говорить и действовать. В глазах Жермен появился испуг, и за этим испугом Володя заметил еще что-то, точно это был двойной взгляд. — Может быть, мне так кажется, — успел он подумать, — может быть, это просто отражение моего же

---

[69] Это вы, Жермен? (фр.)

[70] Что вы делаете? — Я ухожу к себе, месье Владимир. — Подождите минутку (фр.).

желания? Губы его пересохли, он провел по ним языком: неподвижные глаза Жермен были направлены на него с тем же двойным выражением. — Mais venez donc, n'ayez pas peur, voyons[71]. — Он взял ее руку выше локтя, и — хотя он знал это раньше и Жермен знала это так же, как он, — сейчас это стало неминуемо. Он поднял ее на руки, капот опустился и повис, открыв все ее тело. — Laissez moi[72], — сказала Жермен, но по тому, как она вздрагивала в его руках, Володя чувствовал, что ее слова не имеют никакого значения и никакого отношения к тому, что происходило.

— Vous vous déshabillez?[73] — Жермен прошептала это с тем же невыразительным ужасом, с каким она сказала: laissez-moi.

Она ушла в двенадцать часов — за несколько минут до того, как открылась входная дверь и голос Николая сказал:

— Тебе не хочется есть, Вирджиния? Нет? А мне очень хочется.

Володя лежал в темноте, ощупывая свое тело. — Кровоподтек на шее — c'est plutôt idiot[74]. И зачем на свете существуют женщины?

— А у Володи темно, — сказал голос Вирджинии. Голос начался за шаг до двери и замолк за дверью. — Неужели он спит в это время?

— Он настолько ненормален, что от него можно всего ожидать, — ответил из темноты голос Николая.

Но Володя не спал. Далекое детство вспомнилось ему, когда он услышал, как в столовой звенели вилки, ножи и тарелки. Так в давние, безвозвратные времена он слышал из детской, как мать возвращалась из театра, из такого чужого и блестящего мира

---

[71] Ну подойдите, не бойтесь (фр.).
[72] Оставьте меня (фр.).
[73] Вы раздеваетесь? (фр.)
[74] идиотизм какой-то (фр.).

бархатных лож и люстр, неузнаваемая в вечернем платье, нарядная и почти чужая женщина, непохожая на всегдашнюю маму. И чтобы убедиться, что это все-таки она, он звал ее, — она входила в детскую на цыпочках и обнимала его:

— Спи, мой мальчик, спи, Володенька.

И тогда он чувствовал, что она была такая же мягкая и теплая, как всегда, только платье обманчиво струилось в полутьме, — чужое до слез, все сделанное из лож, театра и электричества. — А где они были, в каком театре? — вспоминал Володя. — Ах, да, в Marigny, там же, где я видел Артура и его жену. — Володя представил себе белое платье Виктории и смокинг Артура. — Белое — черное, белое — черное, — повторил он несколько раз. Жермен тоже — белое — черное. Как все остальное. Обрывки стихов вспомнились ему.

Он мною был любим, он мне был одолжен

И песен и любви последним вдохновеньем.

— А путешествие все продолжается. «Rappelez-vous, vieux amis, mes frères, ces années?..»[75] — откуда это? Что же остается? Несколько соединений звуков, сумевших что-то удержать, воспоминания о нескольких чувствах, выцветающих, как фотографии и перспективы дальнейших странствий. Хорошо было бы остановиться однажды, на берегу светлой реки, в небольшом доме: белое здание, белый песок, белые придорожные камни, белое платье — как развевающийся белый шарф матери Юлиана, который он пригвоздил дротиком к воротам, приняв его издали за птичьи крылья. И вот время заливает все, и целая жизнь потом, как подводное царство, неподвижно стоит на дне, как эти морские леса, растущие глубоко под поверхностью, чуть колыхаемые незримым течением, точно задумавшиеся раз навсегда, точно пронизанные слишком поздним пониманием безвозвратных вещей. — Пониманием? — думал Володя. — Что можно

---

[75] «Помните ли вы, мои старые друзья, мои братья, эти годы?..» (фр.)

понять? Что все было даром? — Он вспомнил рассказ Артура о своем дяде, который возненавидел женщин, потому что с ним случилась обыкновеннейшая вещь — его невеста вышла замуж за другого, не дождавшись его возвращения: он уехал на год за границу, писал ей пламенные письма и вернулся — как раз вовремя, чтобы узнать, что на этот раз уехала она — в свадебное путешествие. И мать Артура сказала ему фразу, которой он никогда не мог ей простить: — Vous voyez, c'est toujours les voyages qui vous perdent[76].

— Это было зло.

— Да, но почти невинно. И это не все, — сказал Артур. И он рассказал, что муж этой женщины вскоре разорился и пустил себе пулю в лоб, она осталась без средств, с двумя маленькими детьми, и дядя, этот самый дядя, ненавидящий всех женщин и ее больше других, посылал ей ежемесячно деньги. Володя пожал плечами.

— Действительно, подите, разберитесь в этом.

— Мне кажется все-таки, что я понимаю, — задумчиво сказал Артур.

— Что же это?

— Я думаю, уважение к собственному чувству, неудачному, но все же лучшему, которое он знал.

Это было незадолго до того незабываемого разговора, когда Артур, неизменно сохранявший внешнее спокойствие, но с лицом, унизанным многочисленными каплями пота от волнения, которое ничем, кроме этого, не выражалось, рассказал Володе историю доктора Штука. Он сам не понимал, почему он это сделал; он просто не мог больше молчать об этом, это душило его. Он знал, конечно, что, рассказывая это Володе, он ничем не рискует. Но и Володя не понимал так же,

---

[76] Вас губят путешествия (фр.).

как Артур, что могло вызвать это необычайное признание. Теперь Володя вспомнил эту историю — и с тем большим вниманием стал думать о ней, что она отвлекала его от мысли о Жермен. — Да, Николай прав: проблем не существует, есть только чувства. Но Николай не знает, что они так же обманны и несущественны, как проблемы, что они тоже вянут и изнашиваются, стареют и умирают. Можно любить и быть неверным — вопрос темперамента и случайности. Можно быть джентльменом и никогда не совершить ни одного дурного поступка — кроме одной биографической подробности: однажды ночью, на парижской улице задушить человека, который не заслуживал иной участи. И вместе с тем Виктория несколько месяцев тому назад принадлежала этому человеку и просила у него денег на квартиру, за которую ей нечем было платить. Какая чудовищная, какая невероятная вещь! Нет, надо отказаться раз навсегда от иллюзии понять и привести хоть в какой-нибудь порядок все эти несовместимые и невероятно соединяющиеся вещи.

— Существование синтетических концепций невозможно. Всякая логическая система предполагает ряд положительных и неизменных величин, вернее, меняющихся лишь в известных пределах, — минимум и максимум, — как в теореме о пределе вписанных и описанных многоугольников.

Это говорил Володе Александр Александрович. Он находил своеобразное успокоение в этих формулах, в этой терминологии; они переставали выражать мнения о психологии или эволюции чувств, они становились строгими, самостоятельными понятиями, с которыми было легче действовать, чем с ответами или желаниями Андрэ или сожалением по поводу того, что у такого-то человека мало денег и много неприятностей.

— Мы должны найти абсолютное, — и Александр Александрович шагал по комнате, держа в руке Библию.

— Знаете, Александр Александрович, мне иногда кажется, что у нас все — как номера в старинном Стамбуле. Вы помните номера в Стамбуле? Кажется, вышло так, что, стремясь к цивилизации, константинопольская администрация предложила гражданам перенумеровать дома и явиться за номерами. Граждане явились, но каждый выбрал себе номер, который ему понравился, — и прикрепил его к своему дому, не интересуясь тем, какой номер у его соседа. И получилось так, что улица начиналась со сто тридцать седьмого номера, вслед за которым шел двадцать четвертый, а потом одиннадцатый и семьдесят третий. Такая же путаница в наших понятиях и чувствах. On ne s'y reconnaît plus[77].

— Руда, руда, — сказал Александр Александрович. Володя не понял.

— Почему руда?

— Потому что вы хотите абсолютных и очевиднейших вещей. Любовь значит любовь, голод значит голод, жажда значит жажда и ненависть значит ненависть. Это как металл — золотая жила в камне. Расплавьте это, отделите золото от камня, это будет чистое чувство — и тогда это Петрарка или Песня Песней. Но в жизни, Володя, в каменном сплаве, это только блестит и исчезает.

И Александр Александрович, который всегда думал образами и самые отвлеченные вещи сводил к изображениям, продолжал:

— Каменистая, пустынная страна, коричневые скалы, круглые, лиловые облака — понимаете, Володя? И ручей с золотым, переливающимся дном — понимаете? И воздух высокий и чистый, как лед. Все точно профильтровано, все настоящее. Любовь значит любовь, жажда значит жажда. Но надо, чтобы это находилось за миллион верст, в идеальном воздушном оазисе, — чтобы туда не проникало ничто извне. И тогда можно было бы — там — понять истинную ценность вещей.

---

[77] не разобраться (фр.).

— Да, да, Александр Александрович. Попробуйте объяснить это вашим профессорам.

Володя встретил Александра Александровича — после их расставания в Севастополе, девять лет тому назад, — в Сорбонне, на лекции, после которой он подошел к нему и заговорил. Это была лекция профессора по социологии, которому весь мир представлялся ветвистой сетью социальных систем, озаряемых в редкие минуты профессорского вдохновения par le flambeau de la vérité[78], факелом истины. Кто-то вошел, открыв дверь, — с десятиминутным опозданием, Володя повернул голову и увидел Александра Александровича, которого нельзя было не узнать: его продолговатое лицо, нависшие над глазами веки и легкие, светлые волосы, точно поднятые ветром. Он впервые пришел на лекцию по социологии — Володя знал всех слушателей профессора уже несколько месяцев. Рядом с ним сидела обычно девушка с тугим узлом черных блестящих волос, безжалостно скрученных над затылком; она была богата и красива, у выхода из университета ее ждал автомобиль, увозивший ее с волшебным серебряным хрустом на ту далекую улицу Парижа, где густо цвели каштановые деревья, где по песчаным аллеям проезжали всадники, точно появляющиеся из прошлого столетия и смутно двигающиеся в туманном утре двадцатого века; где за закрытыми ставнями громадных окон все так же медленно струилась давно устаревшая, давно ставшая несовременной жизнь последних представителей исчезнувшего мира, проводивших дни в тяжелых старинных библиотеках с книгами старых и умных писателей, которые так страшно, так непоправимо ошиблись, создав навсегда рассыпавшуюся легенду о том, каким должен был быть мир. Слушательница профессора неодобрительно смотрела на Володю, когда он улыбался в тех местах, где профессор допускал лирические отступления вроде flambeau de la vérité или feu sacré de la

---

[78] светоч истины (фр.).

Révolution[79]. Володе стоило сделать небольшое усилие памяти, и тотчас парижская аудитория наполнялась различными людьми, несущими feu sacré и вместо ряда последовательных imparfaits du subjonctif[80] профессора, он слышал крики солдат, и выстрелы, и удаляющуюся канонаду сражений и видел выжженные поля, разрушенные дома, седого почтенного горожанина, убитого шальным снарядом у своего крыльца, в маленьком и тихом городе, где до революции не было, казалось, ничего, кроме пасьянсов, зимы, внуков, бесконечной тяжбы в местном суде, где все звали друг друга по имени и отчеству и где не существовало незнакомых. Там было тихо, хорошо и скучно до той минуты, пока не вспыхнул le feu sacré, неосторожно произносимый профессором, — уничтоживший эту жизнь и осветивший иначе страшные картины: корчившихся от ран людей, пылавших домов, неподвижных виселиц, точно заботливо сохраненных со времен Пугачева, когда, озаряемые факелами, они медленно плыли по течению Волги, грузно качаясь в темноте исчезающего, смутного и страшного времени. И все-таки — каждый раз Володя с силой произносил это слово — и все-таки, несмотря ни на что, революция была лучшим, что он знал, и революция России представлялась ему как тяжелый полет громадной страны сквозь ледяной холод и тьму и огонь. Но ни девушка, ни профессор ничего не знали об этом: они знали только искусственные и игрушечные изображения войн и революций, которые изготовили в спокойных кабинетах смешные и немного сумасшедшие ученые люди; изображения состояли из аналогий и параллелей, сравнений, сопоставлений и диаграмм, в то время как на самом деле не было ни аналогий, ни диаграмм, а была смерть, и печаль, и последнее человеческое — отчаянное или радостное — исступление.

Но Володя ни с кем не мог поделиться этими мыслями, потому

---

[79] светоч истины... священный огонь Революции (фр.).
[80] Здесь: сложных, изысканных выражений (фр.).

что никто из присутствующих не знал ничего ни о революции, ни о виселицах, ни о Пугачеве. Только Александр Александрович, который тоже заметил Володю, мог бы его понять. Когда лекция кончилась, Володя быстро подошел к нему и лишь в эту минуту понял, как он рад его видеть.

— Александр Александрович! Смотрю и глазам не верю.

Он крепко жал руку Александра Александровича и громко говорил по-русски. Александр Александрович не успевал отвечать.

— Бели бы вы знали, как я рад! Настоящий, живой, русский Александр Александрович! А помните Севастополь и Приморский бульвар?

Володя почувствовал, пожав руку Александра Александровича, что есть нечто, не изменившееся, неиспортившееся за эти девять лет — и так же, как в Севастополе, над бесконечной перспективой Черного моря, открывавшейся со скалы, на которой они сидели летними жаркими вечерами, — здесь, в Париже, за тысячи верст от этих мест, опять точно севастопольский воздух наполняет грудь. И Александр Александрович, отвечая на его мысль, сказал, проводя в воздухе ломаную линию — все тем же давно знакомым движением:

— Помните, Володя, как изгибается бухта? И какой песок и густой, кожаный цвет листьев на деревьях? И какая свобода! Это мы с вами потеряли. А как ваш брат?

— Женат, отец семейства, процветает.

Они шли по бульвару St. Michel. Александр Александрович рассказал, что он давно в Париже, что он архитектор, что он закончил École des Beaux Arts, — и пригласил Володю прийти к нему поздно вечером.

И потом часто, не вечером, а ночью, Володя приходил к Александру Александровичу, и начинались разговоры — о неразрешимых вещах, о невозможности жить иначе и о многом другом. Однажды Володя рассказал Александру Александровичу об одном из своих первых романов в Константинополе, героиней которого была гречанка, говорившая по-английски, Мэри. Был блестящий под луной Босфор, и ночное купанье, и после купанья — турецкий кофе.

— Обидно, — сказал Александр Александрович. — Обидно, что мы, в сущности, рабы грубейших, несовершеннейших вещей. Я подумал об этом, слушая ваш рассказ.

— Да, Александр Александрович.

— Вот вы говорите — море, ночной воздух, тело, рассекающее воду, и еще, скажем, кофе и Мэри.

— Мэри и кофе, Александр Александрович.

— Мэри и кофе, если хотите. Но дело в том, что вам двадцать лет и ваше тело — идеальный механизм. Поэтому вы влюблены, и вы плывете в лирическом океане: ваши движения неутомимы, сильны и равномерны. Но вот происходит глупейшая вещь: у вас заболевает селезенка, или печень, или еще что-нибудь. Кроме этого, ничто, казалось бы, не изменилось. И вот весь лиризм идет к черту, и то, что было прекрасно вчера — и вообще прекрасно, — становится скучным и ненужным.

Было тихо: Андрэ лежала на диване и внимательно слушала, с трудом понимая русскую речь.

— И возникает вопрос, все тот же самый, по-прежнему, кажется, неразрешимый: какова истинная ценность этих вещей и каково ее положение вне селезенки? Я хочу освобождения, Володя. Если бы мир был организован рационально...

— Как termitière?[81]

---

[81] муравейник (фр.).

— Как termitière? Почему непременно как termitière? Нет, нужно только правильное распределение функций.

Нужны ученые и производители, и не нужно этой ужасной, мучительной смеси. Полная свобода, вы понимаете?

— Понимаю. Гипертрофически развитая голова и хилое тело ученых, чудовищные тела производителей... Нет, Александр Александрович, это было бы ужасно. И потом — что вы сделаете с женщинами?

— Женщины настолько ближе нас к правильному распределению функций, Володя. Elles n'ont que très peu de chemin à faire[82].

— Александр Александрович! А донна Анна, a lady Hamilton?

— Володя, ведь это все театр. Тяжелый занавес, огромные декорации, тысячи глаз, оркестр и все остальное. Мы внушаем женщине сотни лет все те фантазии, по которым нас ведет наше вдохновение; мы создаем ее тысячу раз, и она только следует за нами в нашем *лирическом путешествии*. Но ее вообще не существует, это мы ее выдумали. Для чего — я не знаю; думаю, что ответ на этот вопрос лежит в области скорее физиологической, онтологической, если хотите; объяснение — в эволюции культурных форм, во всяком случае это не есть отдельно существующее божество, это даже почти не индивидуальность.

— Я бы согласился с вами, Александр Александрович, если бы тому, что вы говорите, не мог бы противопоставить неопровержимые доводы.

— Какие?

— Исторические, Александр Александрович.

---

[82] — Они гораздо ближе к этому (фр.).

— Voyons[83], Володя, ведь эти вещи хрупки, как игрушки. Есть история — статистика; тогда она скучна и произвольна. Есть другая история — это роман, то есть то же самое, что поэзия. Я говорю об исторических методах, с которыми мы имеем дело. А история Рима, например, или вообще история античного мира, это даже не статистика и не роман, это опера, Володя. По крайней мере, в вашем и моем представлении.

Он рисовал карандашом самые разные вещи; он точно издевался над ними, заставлял их оживать на бумаге в своих видоизмененных, мучительных формах, где сочетались его непогрешимое знание внешнего мира и того абстрактного аспекта, в котором они представлялись его чудовищному воображению. Он рисовал скачущих лошадей с короткими ногами и длинным, вытянутым телом, деревья неизвестной породы, выросшие в стране бреда или неведомой людям земли, слепых с тревожно-мертвенным выражением лица. В Севастополе ему поручили расписать церковь: и вот на ее стенах появились сияющие архангелы с грешными женскими глазами, и деспотическое, каменное лицо Саваофа, и мутная, сладострастная прелесть «единственной женщины, познавшей физическое единение с Богом».

Мир звучал для него двумя десятками первоначальных мелодий, он пропускал их бесчисленные изменения, он видел так много и быстро, что ему не оставалось времени слушать.

После первых же парижских разговоров с Александром Александровичем Володя явственнее, чем когда-либо, ощутил тревогу за этого человека. Александр Александрович «душевно задыхался», как сказал Володя Николаю, рассказывая об этих встречах. — Он слишком чувствителен, il n'a pas la peau assez dure[84], — говорил Володя, — чтобы безболезненно переносить ту чудовищную нелепость, мерзость и идиотизм, в которых

---

[83] — Полноте (фр.).
[84] у него недостаточно грубая кожа (фр.).

протекает нормальная человеческая жизнь. — Нам ничего, а он не может.

* * *

Вирджиния чрезвычайно любила порядок и не выносила плохо рассчитанных или непредусмотренных вещей. Все должно было быть предвидено до мельчайших подробностей, до цвета носового платка, до количества и размера пуговиц на платье. За стол надо было садиться именно без четверти восемь, в театр выезжать без двадцати пяти девять; все события следовало обсудить заранее, и при этом детально.

За две недели до пикника Вирджиния начала беспокоиться о провизии: что надо взять и в каком количестве. Володя стал спорить, говоря, что достаточно нескольких сандвичей. Николай настаивал на холодной телятине. Вирджиния не соглашалась ни на то, ни на другое; и, как это ни было странно, в этом вопросе оказалось труднее столковаться, чем в споре о литературе или театре.

Тогда Николай нашел выход:

— Оставьте все заботы, я это устрою. Вирджиния, ты ничего не имеешь против приглашения мистера Свистунова?

— Ты прав, очень хорошо, — сказала Вирджиния.

— Что за нелепость? — спросил Володя. — Свистунов и вдруг мистер. Какой же он, к черту, мистер, если он Свистунов? И кто он такой вообще?

— Как, ты не помнишь? — сказал Николай. — Это Свистунов, Сережка Свистунов. Он у нас бывал — в Ростове и Севастополе. — И Николай объяснил, что Сережа женился на француженке из Канады и что история его вообще поучительна. По словам Николая, правдиво написанная история Сережи должна была представляться не как авантюра, не как роман, не как поэма, а как бесконечно длинное меню. Если среди товарищей Сережи

110

бывали разногласия и сомнения по поводу того, что им ближе и интереснее всего — социальные вопросы, искусство или даже коммерция, у Сережи этих сомнений никогда не возникало: ему всегда было ясно, что и общественные вопросы, и искусство могут рассматриваться только как вещи второстепенные и несущественные. Главное же в его жизни, чему он никогда и ни при каких обстоятельствах не изменял, был вопрос о том, что, как и в каком количестве есть.

— Было что-нибудь страшное в твоей жизни? — спросил его однажды Николай. У Сережи была круглая голова, кожа розовая — как уши маленького поросенка, по определению Вирджинии, — мечтательные черные глаза, очень широкая и высокая грудь и крепкое короткое тело.

— Я пережил необычайные, да, прямо страшные страдания, — нахмурившись при одном воспоминании об этом, сказал Сережа. — Нечеловеческие. Я был болен брюшным тифом, и мне не давали есть. Я был близок к самоубийству.

И революция, и война, и заграница — все это представляло для Сережи сложную прелесть, смесь вкусов и запахов: запах сена и чуть-чуть подгоревшая полевая каша; удаляющаяся стрельба на окраине деревни и холодное, густое молоко с белым хлебом и сотовым медом; ночной десант с моря и утренняя ловля крабов, которых он варил на костре, — и нежный их вкус, почти мечтательный, отличавшийся от вкуса раков тем, что он заключал в себе еще влажную прелесть моря. Потом, в Константинополе, ни с чем не сравнимый, душистый кебаб в греческом ресторане и киевские котлеты — с маслом внутри, с далеким, облачным вкусом и тугое, старое вино, волшебное, густое и неповторимо прекрасное. Потом Вена, где в ресторане не подавали к столу хлеба, то есть так просто не подавали, точно было естественно обедать без хлеба, и где, конечно, Сережа пробыл лишь несколько дней. И потом, наконец, Париж. Сначала Сережа мыл тарелки в ресторане, потом стал помощником повара; и ему предстояла бы, несомненно, блистательная кулинарная карьера, если бы в этот период

111

своей жизни он не встретил свою будущую жену. Она приехала во Францию, недавно овдовев, из канадских просторов; с Сережей она познакомилась в кинематографе, где оказалась его соседкой. Он держал в руке бумажный мешочек с виноградом, — конечно, самым дорогим и самым лучшим — и молча протянул его своей соседке, которая так же молча, автоматическим движением, взяла самую большую кисть. — У тебя, голубушка, губа не дура, — тихо сказал Сережа по-русски. На третьей кисти начался разговор. По необъяснимому совпадению, оказалось, что она так же любила есть, как он, — toutes proportions gardées[85], — говорил Сережа с извиняющейся улыбкой. И через некоторое время Сережа женился. Это произошло не сразу — и была минута, когда брак мог расстроиться. Это случилось вечером, после обеда в маленьком ресторане Латинского квартала, где готовили лучше всего в Париже blanquette de veau[85]. Сережа провожал свою невесту домой, дорогой был мрачен и нахмурен.

— Что с вами? — спросила она.

— Моя дорогая, — сказал Сережа, — я очень грустен.

— Но по какой причине? Вы разлюбили меня?

— О, нет! — Столько воспоминаний связывали Сережу с этой женщиной за такое короткое время — тающее мясо поросенка в «Au cochon de lait»[86], прохладный виноград в первый вечер их знакомства, дикая утка, которую они однажды ели на Монпарнасе, и эта blanquette de veau, вкус которой еще не исчез, еще не растворился в воздухе, и губы и нёбо Сережи еще хранили это хрупкое воспоминание.

— О, нет!

И он объяснил, что не имеет права жениться, но не решался об

---

[85] телятину под белым соусом (фр.).

[86] «У молочного поросенка» (фр.); бистро в Париже.

этом говорить, стремясь сохранить как можно дальше эту очаровательную иллюзию счастья. Она молчала.

— Но, наконец, что же это? — Ей вспомнилась история одного расстроившегося брака — из-за того, что у жениха оказался туберкулез. Но Сережа был так здоров, и это было так очевидно...

— Я беден, — сказал Сережа с глубоким вздохом. Он вздохнул, и когда он опять втянул в себя воздух, ни вкуса, ни запаха blanquette уже не оставалось.

— Я с вами не желаю разговаривать, — резко сказала она. — Завтра же отправляйтесь в мэрию, в комиссариат, куда хотите, и вечером я вас жду с документами. — Она притянула его к себе и поцеловала, — и вдруг Сережа с удивлением почувствовал — это было беглое, тотчас исчезнувшее ощущение, — что его связывают с этой женщиной еще какие-то иные вещи, далекие от ресторана и похожие, как он сказал потом Николаю, на полевые цветы. — И тогда я понял, — говорил он, — что, может быть, я не только обжора.

И этот самый Сережа Свистунов был теперь приглашен Николаем на пикник, и ему была поручена забота о провизии.

Володя неоднократно замечал, что дни, наиболее запоминающиеся и наиболее важные в его жизни, чаще всего не содержали никаких событий. Это были обычно прозрачные, холодноватые дни весны или осени; каждый из них был непохож на другой, каждый нес с собой новую волну ветра, за которой открывался еще неизведанный, как казалось, простор. Казалось, что воздух долго был неподвижен, как давно остановившаяся жизнь; и вот одну незабываемую минуту в городе, на улице происходил точно незримый уход всего, что было дорого и нужно и близко; точно улетали птицы и за ними тянулся медленный клубящийся вихрь уходящих чувств, воспоминаний и слов — как след воды за кормой парохода. Вот ушло одно, теперь уходит другое, и кто знает, в какой стране, под каким чужим небом опять остановится это движение и все снова полетит вниз, как листья?

— Летит саранча, — вспоминал Володя рассказ Александра Александровича об африканском путешествии, — и наталкивается на встречный ветер; и такое впечатление, точно она встречает стеклянную стену и падает вниз с особенным, сухим шорохом.

Александр Александрович уже третий день лежал в постели с высокой температурой. Володя приходил к нему каждый вечер. Белая комната Александра Александровича теперь стала особенно похожа на больничную палату — и когда Володя подумал об этом, он представил себе, что в один прекрасный день он может войти и увидеть ставшее навсегда неподвижным тело Александра Александровича.

Он шел по улице и вспоминал вечерний вчерашний разговор.

— Надо странствовать, Володя. Надо уйти, меня всегда тянет, всю жизнь. Но я не могу, я свалюсь на первом переходе, у меня плохие легкие и никуда не годное сердце. Вот вы, Володя, другое дело.

— Странствовать, — повторил теперь Володя. Он представил себе дорогу, поля, реки, города, бесконечные российские пространства, болота, леса, большаки, и вот все то же тревожное ощущение, точно улетают птицы. «Paris soir!»[87] — закричал газетчик рядом с Володей; Володя посмотрел на него, не понимая. — Да, надо уезжать. Прохладный ветер, дувший весь день, внезапно стих, воздух стал тяжелее и жарче; был конец мая, густо зеленели каштаны. Над деревьями высоко и медленно летело небо, белое облако покрывало конец его далекого полукруга. Володя посмотрел наверх. В России были другие облака — не такие, как здесь, — так же, как солнце, заходящее за огромный простор полей, колоколен и лесов. Какая загадочная вещь, какая страшная, непостижимая сила

---

[87] «Вечерний Париж» (фр.); название газеты.

разлилась в морях и реках, вытянула из земли дубы и сосны — и где начало и смысл этого безвозвратного движения, этого воздуха, насыщенного тревогой, и этой глухой тяги внутри, немного ниже сердца?

— А может быть, потому, — думал Володя, отвечая самому себе на заданный вопрос, — что мне, в сущности, почти нечего терять? Будто кто-то забыл, что мне тоже нужно дать непреодолимую любовь или простое, сердечное знание того, что это хорошо, а это плохо, — как у Николая. Но если есть нечто непреодолимое, то это воздушная стена, отделяющая меня от близких и дорогих людей. Идут облака, летит ветер и пригибает к земле траву; течет река, длинные океанские волны шипят и катятся на отлогий берег, падает снег, шумит лес — и опять та же тоска, то же сожаление о неизвестных вещах. — Странствовать, — продолжал он думать, — или уехать, или быть обуреваемым ослепляющей страстью — для того и только для того, чтобы не видеть, не понимать и забыть.

Опять поднялся ветер, пролетел, как гигантская невидимая птица, и исчез. Володя подходил к Трокадеро. Вот av. du Président Wilson, последняя дорога, на которой закончилось земное странствие доктора Штука; и он больше никогда не увидит ни одной улицы ни в Париже, ни в Вене, как не увидит синих глаз Виктории.

— Attention, ou je t'écrase![88] — закричал необыкновенно знакомый голос. Володя поднял глаза. Сверкая на солнце стеклами, перед ним остановился автомобиль Николая. — Вирджинии очень идет белое, — подумал Володя.

— С тебя мало одной автомобильной катастрофы, — свирепо кричал Николай, не удерживая улыбки, — лунатик несчастный! Куда ты идешь?

— Я гуляю.

---

[88] — Осторожно, раздавлю! (фр.).

— Садись к нам.

Солнце начинало опускаться. Николай ехал со своей обычной быстротой по незнакомым Володе улицам и вскоре выехал на широкую дорогу. — Route de Fontainebleau[89], — сказал он голосом гида. Автомобиль ускорил ход — Володя посмотрел на счетчик: стрелка стояла, дрожа и колеблясь, на цифре девяносто шесть.

И тогда, проезжая мимо бесшумно бегущих навстречу деревьев, Володя явно почувствовал — в одну необъяснимую секунду, — что этот период его жизни кончен, кончено еще одно путешествие. И глубоким вечером, на обратном пути, он смотрел уже невольно чужими глазами на улицы и дома Парижа, точно это были не настоящие каменные здания, а нечто зыбкое и исчезающее в темноте, нечто, уже сейчас, сию минуту, безвозвратно уходящее в воспоминание.

Odette никогда не жила на чьем-либо содержании. Odette вообще не думала, как люди зарабатывают деньги, и этот вопрос, как бесчисленное множество других вопросов, не касавшихся непосредственно ее чувств, для нее не существовал. Было естественно — об этом она тоже не думала, но это само собой подразумевалось, — что всякий человек, имеющий счастье ее близости в течение более или менее продолжительного времени, должен заботиться об ее еде, квартире и платьях. Это было обязательно — не считая, конечно, того, что сама Odette называла aventures[90]; но то были случайные и несущественные события, почему-то, однако, совершенно неизбежные. Все несколько осложнялось вопросом о браке; и в данном случае Odette была совершенно безжалостна в своей оценке французской юстиции, которая была слишком медлительна, чтобы поспеть за

---

[89] — Дорога на Фонтенебло (фр.).

[90] приключениями (фр.).

матримониальной кривой Odette. В сущности, сама Odette не придавала браку особенного значения и имела к этому все основания; но ее поклонники относились к этому иначе и с очевиднейшей ошибочностью полагали, что брак может каким-нибудь образом закрепить их союз с Odette, не понимая того, что в этом мире не существовало ничего, что могло бы обеспечить супружескую верность Odette — за исключением, быть может, смерти, паралича или холеры.

Вопрос об Odette обсуждался у Николая и возник по поводу того, что Сереже Свистунову угрожала перспектива быть лишенным дамского общества. Володя протестовал против приглашения Odette, выразительно глядя на Николая и давая понять, что ее приглашать просто неудобно. Возмущала его, однако, не нравственность Odette — к этому он был совершенно равнодушен, — а необходимость опять ехать с очередным визитом черт знает куда; с недавнего времени Odette переселилась в ville d'Avray. Николай сказал, когда они остались вдвоем:

— Слушай, ну не все ли тебе равно? Что ты ей — муж, любовник, ухаживатель? А Сереже мы скажем, что она работает в Армии Спасения.

— Да, но согласись все-таки..,

— Я поеду вместе с тобой, хорошо?

И Володя, сразу успокоившись, сказал:

— Заметь, Коля, что я ее не осуждаю, я не имею ни права, ни вкуса к этому. Кто знает, она, может быть, неплохая женщина.

— Я даже уверен. Иначе почему бы за ней всегда был хвост? Не одной же все-таки... — Николай сказал соленое русское слово, заставившее Володю пожать плечами, — она их привлекает? Есть что-то другое.

— Ну, она, я думаю, вообще специалистка.

— Во всяком случае, едем.

Они приехали в ville d'Avray в пять часов вечера. Odette жила в небольшом павильоне, закрытом деревьями. В воздухе стоял тяжеловатый и сладкий запах цветущего жасмина. На столе Odette высился настоящий русский самовар, принадлежавший в свое время monsieur Simon. Она напоила братьев чаем с Володиным любимым клубничным вареньем, они поговорили о политике, о кинематографе, условились и уехали совершенно довольные; и только Николай удивлялся, отчего Odette забралась в такую глушь, потому что не знал, что этот очередной переезд Odette был обусловлен многими сложными причинами, в число которых входили инстинкт размножения и биологические законы, кодекс Наполеона и римское законодательство и несколько на первый взгляд второстепенных, но, в сущности, быть может, решающих моментов — запах цветов, некоторые движения, некоторые интонации. Odette, стоя на дороге, смотрела вслед уезжающему автомобилю.

Володя оглянулся, помахал рукой, задумался на минуту и от мысли об Odette перешел к Жермен, которая будет ждать его сегодня ночью. Он потянулся всем телом и сказал больше себе, чем Николаю:

— А в сущности, если не очень много рассуждать, то жизнь может быть прекрасной.

— Вот ты столько лет философствуешь, — ответил Николай, — как же ты не понимаешь, что жизнь не может быть ни прекрасной, ни непрекрасной? Она для каждого своя — прекрасная для счастливых, ужасная — для несчастных. Это как вода, морская вода, ты понимаешь? Ты в ней плывешь, она очень красивая и прозрачная; но вот тебя схватила судорога, ты тонешь, и она холодная и ужасная, а только что была замечательная. А вода, между прочим, все такая же. Вот вы там с Александром Александровичем рассуждаете и пытаетесь что-то обобщать; а обобщений нет.

— Ну, знаешь, Коля, философ ты средний.

— Я совсем не философ, я просто нормальный человек, а ты фантазер и сволочь. У тебя работает воображение, которое вообще есть вещь иллюзорная.

— А у тебя железы внутренней секреции.

— И очень хорошо.

Володе хотелось двигаться, а не говорить. Он привстал с сиденья — автомобиль против обыкновения шел медленно, дорога была пустынна — и навалился всем телом на Николая, захватив его голову давно знакомым приемом, так что шея была зажата сгибом руки.

— Володька, — хрипел Николай, — пусти. А то остановлю машину, слезу и изобью, как собаку.

— Кого? Меня?

Автомобиль остановился. Николай легко, точно ему нужно было преодолеть сопротивление ребенка или женщины, разогнул руку Володи, схватил его за пояс и жилет и поднял на воздух.

— Проси прощения.

— Нет.

— Проси прощения или que Dieu ait pitié de ton âme[91].

— Пусти, а то я брату скажу! — закричал Володя.

Николай засмеялся.

— Тут крыть нечем, черт с тобой.

Они поехали дальше; Володя сидел и вспоминал, от скольких

---

[91] пусть Бог сжалится над твоей душой (фр.).

неприятностей его избавила эта спасительная фраза: не тронь, а то брату скажу. Репутация Николая в гимназии была непоколебима. Особенно пугало его сверстников не искусство драться — хотя и в этом Николай был сильнее других, — а полное отсутствие страха: он мог полезть на нож, мог идти один на трех или четырех противников, — опустив голову, напрягая свое крепкое тело, и никогда не останавливался. Однажды его принесли домой избитого до полусмерти; в тот раз его поймала в глухом месте парка шайка городских хулиганов, их было шесть человек. Они навалились на него все вместе, но он не просил пощады и, несмотря на сыпавшиеся удары, не отпускал главаря шайки, которого сразу же подмял под себя. Он завернул ему руку на спину, медленно сдвигая ее кверху, и ничто не могло его остановить до той секунды, когда раздался одновременно особенный, влажный хруст сломанного плеча и отчаянный крик его противника. Ничего не видя от крови, заливающей ему лицо, он поймал еще чью-то руку и сжал ее изо всей силы, ломая пальцы, и только в эту минуту от тяжелого удара палкой по голове потерял сознание. Его принесли домой с опухшим, неузнаваемым лицом, но через два дня он явился в гимназию как ни в чем не бывало. Парня, который ударил его палкой по голове, он потом поймал на улице и сказал ему:

— Не бойся, дура, не трону. Скажи ребятам, что мир, но только пусть не трогают. А то поймаю по очереди и всех переколочу к чертовой матери. Понял? — Понял. — Ну, катись.

Его связывали потом с этим миром — городских хулиганов, «ребят», только что выпущенных из приюта малолетних преступников, воров, — особенные отношения, начавшиеся с того, что после памятной драки в парке и разговора с парнем, ударившим его дубиной, — он опять столкнулся с ним, выходя из библиотеки.

— Что тебе? — спросил Николай.

— Может, ты можешь помочь, — сказал парень, ерзая рукой по

120

плечу, точно почесываясь, — это происходило от смущения. — Гришкина сестра лежит больная. Так, может, ты знаешь доктора. Потому что нет денег.

Николай отправился к Гришке, на окраину города. У него сжалось сердце, когда он вошел в полутемную комнату, где лежала больная; пахло плесенью, мокрым бельем и прелой картошкой. Из-под штопаного одеяла на него смотрело лицо пятнадцатилетней девочки. — Что с вами? — спросил он.

— У меня болит выше правого бедра, — сказала она. Она училась раньше в гимназии, но ее взяли из третьего класса, так как было нечем платить. Он вышел, поехал на извозчике к знакомому доктору, который сказал, что у девочки аппендицит; ее перевезли в клинику, сделали ей операцию — и за все это заплатил Николай, взяв у матери, которая ему ни в чем никогда не отказывала, зная, что он даром не возьмет, необходимую сумму денег.

Девочка эта потом приходила к нему, он давал ей уроки и успел за короткое время пройти почти весь гимназический курс. В день ее именин он был торжественно приглашен в гости, принес подарки и сидел за столом рядом с ее тетками, поденщицами и прачками, и отцом, фабричным рабочим, — и выпил с ней на брудершафт.

И однажды вечером — он сидел за английским переводом — она неожиданно пришла к нему.

— Коля, — сказала она; светлые, большие ее глаза смотрели прямо ему в лицо. — Коля, возьми меня в любовницы.

— Ты с ума сошла?

— Коля, смотри, разве я не красивая? А без тебя я пропаду, я пойду в содержанки.

— Что ты говоришь? Точно это служба какая-то. Почему, что такое?

121

От нее пахло вином, она была пьяна и плакала. Коля уложил ее спать в своей комнате, сам заснул, не раздеваясь, на диване в гостиной, и, когда утром проснулся, ее уже не было. С тех пор ее называли «Колькина любовница». Николай встретил ее еще раз, незадолго до своего отъезда, она была хорошо одета, глаза ее были подведены.

— Не захотел ты меня, Коля, — сказала она с упреком. Николай сердито на нее посмотрел и испытал глубокое сожаление.

А когда со двора Николая унесли сушившееся белье и мать его ужасалась — видишь, Коля, все опять надо покупать, теперь ты такого полотна заграничного, Коленька, ни за какие деньги не достанешь, — то на следующий день в квартиру позвонил субъект такого страшного вида, что горничная шарахнулась в сторону, и сказал:

— Мне надо видеть товарища Николая Рогачева.

И когда Николай вышел и спокойно, как с обыкновенным знакомым, поздоровался с этим человеком, тот вышел с ним на улицу и сказал, что с бельем произошло недоразумение и что ребята его принесут — и вечером, действительно, Николаю доставили две громадные корзины с бельем. — Сволочи вы, вот что, — сказал Николай.

Это было вообще его любимое слово, имевшее самый разнообразный смысл — в нем был даже грубовато-ласковый оттенок, когда он называл этим словом Володю; и даже в этом слове была подчас особенная душевная привлекательность, которую ощущали все, знавшие Николая, — как женщины, так и дети. Была в нем еще особенная крепость, чувствовалось, что на него можно положиться: не обманет, не выдаст.

— Завидую я тебе, Коля, — говорил Володя; они подъезжали к Парижу.

— А ты не завидуй. Ты только постарайся стать нормальным

122

человеком, и всем будет хорошо, — убежденно ответил Николай.

* * *

За три дня до пикника Сережа начал вырабатывать свой продовольственный план. До этого он смертельно скучал, ходил по квартире в халате, осматривал в тысячный раз полки библиотеки и все не мог решиться, какую книгу взять. Библиотеку составлял сам Сережа — и об этом Володе тоже рассказывал Николай. Сережа, по словам Николая, с канадской точки зрения его жены, был человеком чрезвычайно просвещенным и с непогрешимым литературным вкусом. Все вышло случайно; он заговорил как-то о нескольких книгах, которых его жена не читала; почувствовав, что ничем не рискует, он пустился в отвлеченные литературные рассуждения, говорил о Кальдероне, Шекспире, Гете и вообще вел себя совершенно так, как некогда, давным-давно, в России, поразивший его проезжий лектор, красивый мужчина, излагавший свои соображения на тему — смысл жизни и смысл искусства. Сережа до сих пор, с холодком зависти, помнил некоторые места его речи: — В Италии, стране вечного солнца, есть статуя Моисея, работы Микеляанджело. Каждый человек должен ее видеть: езжайте в Италию. Если вы не можете ехать — идите. Если вы не можете идти — ползите. Если вы не можете ползти — влачитесь; но нельзя умереть, не увидев Моисея... — Сережа ушел с лекции потрясенный, и в памятный день литературного разговора с женой, которая была так же беззащитна перед ним, как он сам, Сережа, тогда, перед этим лектором, он говорил с тем же пафосом, теми же обобщениями, тем же размахом, которые докатились до этого дня — сквозь много лет и стран. — Величайшие гении человечества, сумевшие — ты понимаешь?.. — чтобы напомнить об этом нам, нам — забывчивым и неблагодарным... Она слушала его с изумлением и восторгом. Вскоре после этого Сережа начал составлять библиотеку, но, конечно, теперь, после этого литературного великолепия, всякая возможность

123

отступления была отрезана. И он уже не мог приобрести — как это было бы нужно и интересно — те книги, которые его всегда интересовали и которым он остался бы верен: «Граф Монте-Кристо» и «Анж Питу», «Вечный Жид», «Молодость Генриха Четвертого», «Атлантида» Пьера Бенуа и «Король Брильянтов» Брешко-Брешковского; он должен был приобрести Шекспира, Шиллера, Гете, Бальзака и Стендаля. В результате читать Сереже было нечего.

Его литературное увлечение было не очень долгим; он, однако, успел даже побывать на вечере русских литераторов, в каком-то маленьком кабачке, возле place St. Michel, и слушал чтение стихов и прозы; отметил, что, чем старше или чем некрасивее были поэтессы, тем с большей энергией трактовались в их стихотворениях эротические темы. Поразил его также поэт без шляпы, в смокинге неверного покроя — ив длинном галстуке, завязанном с холодной небрежностью, так, точно это была естественнейшая в мире вещь. Он ушел с этого вечера одновременно грустный и довольный и потом даже начал писать новеллу — он очень любил иностранные слова, особенно когда они имели некоторый уклончивый смысл, — но после первых трех страниц устал. С этого времени, однако, он сохранил некоторый неопределенный душевный размах и смутное сожаление о недописанной новелле. Кто знает, быть может... Но была Масленица, были блины и поездки с женой на автомобиле, холодноватый воздух парижской весны, и такое полное счастье, и такая бесконечная смена удивительных блюд — черные слезы икры на желтовато-лоснящемся блине, по которому легкой золотой волной разливалось масло; звонкий и твердый, как серебро, звук разгрызаемого малосольного огурца — и рот его жены, не похожий по вкусу ни на что другое и создававший впечатление прелестной и далекой свежести канадских яблок, яблок ее страны. Сереже было не до литературы.

Теперь он был поглощен продовольственным планом. Жена его была в Канаде, ни на чью помощь он не мог рассчитывать. Что же надо было взять с собой? — холодную телятину — как это предложил Николай в одном из телефонных разговоров с Сережей. — Холодная телятина! — большей пошлости Сережа не мог себе представить. — Холодная телятина? — сказал он, и Николай в трубку почувствовал Сережино превосходство. — Mais, mon pauvre ami[92], все берут холодную телятину, все: консьержки, и бакалейщики, и почтальоны, и прачки; миллионы людей едят холодную телятину.

— Не везти же жареного гуся? — сказал густой голос Николая.

— А почему бы и нет? — язвительно и вежливо ответил Сережа. — Ты, может быть, считаешь, что он несъедобен? Ну, черт с тобой, вези хоть крокодилью печенку.

И тогда Сережа убедился окончательно, что он должен был всецело принять на себя всю ответственность. Он вышел из дому, поехал в Булонский лес; и там, в тишине и зное, в легком шелесте листьев, перед ним впервые, как видение громадной и сверкающей архитектурной композиции, — возник отчетливый и ясный план.

* * *

Тот роман Володи, о котором говорил Николай в начале своей речи по поводу пикника, давно уже лежал в ящике письменного стола, и Володя к нему не притрагивался. Главной причиной этого было то, что в последний вечер, когда он пытался писать, произошла его aventure — как сказала бы Odette — с Жермен, и это теперь было так тесно связано, Жермен и роман, что Володе было неприятно прикасаться к рукописи; и нужен был особенный толчок, чтобы ему снова захотелось писать.

У него вообще было чувство, что он живет не собственными желаниями и почти не собственной волей; он попадал в полосу тех или иных ощущений, и лишь когда они проходили, он

---

[92] Но, мой бедный друг (фр.).

освобождался на короткое время от них, чтобы потом опять быть подчиненным каким-то незримым и внешним влияниям. Но как это ни казалось странно и неправдоподобно, та самая aventure с Жермен, которая мешала ему писать роман, — так, точно ему было совестно перед собой и тем, что написано, — она же вдруг освободила его от груза печальных мыслей; она точно напомнила ему, что он молод и здоров и, в сущности, ничто не мешает ему быть счастливым, кроме отвлеченных и, в конце концов, может быть, несущественных вещей. И теперь ему не нужно было писать — он не чувствовал себя ни слишком счастливым, ни несчастным — и не было толчка, — до тех пор, покуда однажды вечером — и опять Николай и Вирджиния были в театре — Володя, проходя под окнами квартиры Артура, не увидел сидящую спиной к улице Викторию и пока из открытого окна, из обычно печального рояля Артура не послышалась стремительная и гремящая музыка, совершенно непохожая на то, что обычно играл Артур. Володя уходил, оборачиваясь, и музыка все гремела вслед ему, все возвращалась — и потом, уже отойдя далеко, он все повторял про себя этот шумный, как мир, музыкальный рассказ.

И тогда все, что он знал печального и нехорошего, скрылось и исчезло; и жизнь вдруг представилась ему, как стремительный лирический поток. — Только движение, только полет, только счастливое ощущение этой перемещающейся массы мускулов и чувств. Не думать, не останавливаться, не оборачиваться, не жалеть. И так ночь напролет — и потом утро, и розовый восход, и сверкающая роса на утомленной траве.

Он вошел в квартиру, было темно; наверху, на последней ступени лестницы, сидела Жермен. Володя поднял ее на руки. — Не думать, не жалеть...

Он проснулся в пять часов утра, налил себе холодного кофе без сахара, закурил папиросу и, набросив купальный халат, сел писать — об Италии и всем, что казалось ему самым прекрасным в огромном мире разнообразных вещей, и что было, в сущности, лишь продолжением, — вечерней музыкой

Артура, телом Жермен, словом «напролет» — все тем же неудержимым движением.

Свой роман Володя писал уже несколько лет, обрывая и начиная снова и заменяя одни главы другими. В роман входило все или почти все, о чем думал Володя, — исправленные и представленные не так, как они были, а как ему хотелось бы, чтобы они произошли, — многие события его жизни; рассказы обо всем, что он любил — охота, моря, льды, собаки, государственные люди, женщины, разливы рек, апрельские вечера, и выпадение атмосферных осадков — как иронически говорил сам Володя, — и первые, ранней весной зацветающие деревья. Но, несмотря на такое обилие матерьяла и на широту темы, которая не ограничивала Володю ничем, роман получался значительно хуже, чем должен был бы получаться. То, что Володя думал изобразить и что в его представлении было очень сильно, вещи, которые он ясно видел прекрасными или печальными, умершими или неувядающими, в его описании тускнели и почти исчезали, и ему удавалось лишь изредка выразить в одной главе едва ли не десятую часть того, что он так хорошо понимал и видел и сущность чего, как ему казалось, он так прекрасно постигал. Он замечал тогда, что полнота впечатления создается почти иррациональным звучанием слов, удачно удержанным и необъяснимым ритмом повествования, так, как если бы все, что написано, нельзя было рассказать, но что шло между словами как незримое, протекающее здесь, в этой книге, человеческое существование. Но когда он пытался писать так, почти не обращая внимания на построение фраз, все следя за этим ритмом и этим иррациональным, музыкальным движением, рассказ становился тяжелым и бессмысленным. Тогда он принимался за тщательную отделку текста, и выходило, что на его страницах появлялись удачные сравнения, анекдотические места, и они становились похожими на ту среднюю французскую прозу, которую он всегда находил невыносимо фальшивой. И лишь в редкие часы, когда он не думал, как нужно писать и что нужно делать, когда он писал почти что с закрытыми глазами, не думая и не останавливаясь, ему удавалось, с помощью нескольких случайных слов, выразить то, что он хотел; и, перечитывая некоторое время спустя эти страницы, он отчетливо вспоминал те ощущения, которые вызывали их и сохранили, вопреки закону забвенья, их неувядаемую и иллюзорную жизнь. Так было и на этот раз — и позже, читая описания Италии, он видел все, что им предшествовало, — где музыка, и Жермен, и мечты сливались в одно соединение, счастливая сложность которого все углублялась и углублялась временем.

* * *

В день пикника Виктория проснулась на полчаса раньше Артура, и, когда он открыл глаза, она стояла над ним, совершенно готовая. — Скорей, Артур! — Он поцеловал ей руку и пошел в ванную. Через несколько минут внизу рявкнул клаксон автомобиля и несколько голосов закричало:

— Артур! Артур! Артур!

— Артур быстро спустился вниз и увидел два автомобиля. В первом, тесно прижавшись друг к другу, сидели Вирджиния, Николай и Володя. Второй автомобиль оказался такси, нагруженный до отказа всевозможными пакетами, коробками и корзинами, сквозь которые, как сказал Николай, можно было «разглядеть» Одетт и Сережу. После короткого разговора Одетт пересадили в автомобиль Артура, и Сережа остался один.

— Николай! — закричал он. — Помни же, что я тебе говорил: не гони как сумасшедший. Не забывай о продуктах, а то из них каша получится. Ты слышишь, Николай? — Но автомобили уже двинулись, и сердитый голос Сережи был плохо слышен.

Каждые пять минут Сережа говорил шоферу:

— Voulez vous corner, pour que ces imbéciles marchent un peu moins vite[93].

Одетт смотрела на дорогу и чувствовала себя непривычно и неловко: впервые в жизни она совершала автомобильную поездку — и все было как всегда: ветер, шум мотора и шин и уходящая, серо-желтая полоса дороги, — и в конце этого путешествия не должно было произойти решительно ничего, даже никакой aventure. Route de Fontainebleau! Одетт знала все ее повороты и все места, через которые она проходила, знала ее прямую, уходящую перспективу, как бесконечно длинную спину мчащегося чудовища, деревья, растущие по бокам, запах весеннего поля — и она погружалась в привычное и давно известное состояние, которое наполовину было заполнено этими впечатлениями, наполовину же состояло из ожидания того, что было так же непреложно и несомненно, как дорога; это было тоже путешествие, только более сладостное; и как было очевидно, что, выехав из porte d'Italie и сделав пятьдесят пять километров, автомобиль въезжал в Фонтенебло, так же было очевидно, что если Одетт ехала в Фонтенебло, то поездка ее должна была кончиться именно так, а не иначе. И вот вдруг теперь вся привычная прелесть ее ощущений была нарушена. И хотя Одетт не признавалась себе в этом, ей было неловко и даже неприятно.

Она посмотрела на Артура: он держал руль одной рукой, на нем была белая рубашка без рукавов; Виктория рядом с ним казалась тоненькой и маленькой, хотя была высокого роста и в последнее время чуть-чуть пополнела. Одетт с досадой перевела глаза на передний автомобиль и увидела три одинаково белых спины — Вирджинии, Володи и Николая. Потом она закрыла глаза и перестала думать о чем бы то ни было; и ветер бил ей в лицо.

— Видишь эти поля? — говорил Артур Виктории.

---

[93] — Посигнальте, чтобы эти идиоты ехали немного помедленнее (фр.)

— Да. А какое место в мире тебе больше всего нравится?

— Не знаю, — сказал Артур. — В Англии есть удивительные места. В России тоже. Нет, пожалуй, в России лучше всего. Бесконечное.

— И нет ни одного места, которое ты предпочитал бы другим?

— О, si[94], Виктория. Дунай и окрестности Вены — это самое лучшее место в мире.

— А я предпочитаю Тироль.

Чаще всего Артур и Виктория, когда бывали вдвоем, говорили по-немецки; и в этих разговорах, где все выражалось интонациями, было, в сущности, не важно, на каком языке говорить. Это было продолжением первого объяснения, внесмысловым, почти внесловесным, которое можно было выразить — если непременно искать одну речевую формулу — в нескольких коротких и небольших словах, которые одинаково могли значить в одном случае очень мало, в другом — бесконечно много, — являясь как бы предшествием и сопровождением двух человеческих жизней с теряющейся во времени сложностью впечатлений, ощущений, желаний и снов; но это были бы одни и те же, сами по себе почти несуществующие, слова. И потому со стороны могло казаться удивительным, что Артур и Виктория были способны часами говорить ни о чем.

Доехав до вокзала Фонтенебло, Николай обернулся, убедился, что оба автомобиля следуют за ним, свернул вправо и поехал по узкой дороге, уходившей от Фонтенебло в сторону. Она изгибалась, то поднимаясь в гору, то опускаясь, то следуя за течением реки, то удаляясь от ее берегов; потом, после еще одного поворота, Николай съехал с дороги и остановил автомобиль на опушке леса. Внезапно поднявшийся и тотчас утихший ветер прошумел в высоких деревьях.

---

[94] — Почему же (фр.).

Через минуту подъехал автомобиль Сережи. Было девять часов утра. Николай повел всех осматривать местность.

Они шли сначала красным сосновым лесом, сухим и звонким; солнце освещало громадные камни, покрытые налетом светлого песка и которые были, как сказал Николай, «по-видимому, геологического происхождения». Потом начался лиственный лес, темнеющий, более густой;

в глубине оврага кричала неизвестная птица, они шли уже минут сорок, и вдруг сквозь деревья сверкнула река.

— Кто не умеет плавать? — спросил Николай. Неумеющих плавать не оказалось. — А кто со мной идет за лодкой?

— Я, — сказала Виктория. И через десять минут голос Николая кричал с реки:

— Идите сюда!

Они доехали до небольшого острова на середине реки, разделись за кустами и вышли уже в купальных костюмах.

— Берег обрывистый, — сказал Николай, — сразу глубоко. Кто скорее доплывет до берега? Я считаю: раз, два, три!

Шесть тел одновременно бросились в воду, и на берегу остался только Володя и белый пес Артура, не успевший понять, в чем дело. — Том! — крикнула Виктория, и пес с лаем прыгнул в реку. Володя остался один. — Володька, трус! — кричал Николай. — Дисквалифицирую!

Первой отстала Одетт, второй Вирджиния, затем стал отставать Сережа. Только Николай, Виктория и Артур плыли рядом. — Дьявол! — сказал по-русски Николай Артуру. — Неужели нас эта девчонка обставит? — Он дернулся вперед, и, когда Виктория спохватилась, было уже слишком поздно. — Артур, отомсти! — сказала она. Артур послушно улыбнулся, и тотчас же его громадное тело совершило нечто вроде непостижимого прыжка по воде. Казалось, что он не делал усилий, точно скользя по воде, поднимая пену и стремительно подвигаясь вперед. Он догнал Николая, однако в самую последнюю секунду они одновременно схватились за ветку дерева, свисавшую над водой.

А Володя все стоял на берегу и смотрел. — Он умеет плавать? — спросил Артур. — Как собака, — ответил Николай. В это время тело Володи наконец отделилось от берега. — Решился братишка, — сказал Николай.

Володя долго плыл под водой, потом вынырнул и направился к берегу. В эти минуты он был совершенно счастлив. Крупная рыба пугливо метнулась в сторону от его тела, он нырнул за ней, но она уже исчезла. — Ах, как замечательно! — повторял он. Он все нырял и плыл внизу, открыв глаза и видя светлеющую к поверхности воду, потом поднимался наверх — и наверху было горячее сверкание солнца. И так далеки от него, так чужды ему сейчас были все обычные его мысли и ощущения; мир был океаном, упругим, холодным и влажным, мир был этим движением в воде, и все остальное не существовало.

Потом Николай, Виктория, Одетт и Сережа ушли в лес. На берегу остались Артур и Володя. Голова Вирджинии то показывалась, то скрывалась на середине реки. Володя лежал на животе, жуя длинный стебель травы и ни о чем не думая. Артур, закинув руки за голову, подставлял солнечным лучам свое мокрое и бледное лицо с закрытыми глазами.

Все было тихо, вода плескалась о берег. Вдруг пронзительный крик с середины реки донесся до берега. Вирджиния появилась над водой, потом исчезла, неловко и отчаянно взмахнув рукой. — Она тонет, — успел сказать Володя и тотчас услышал тяжелый всплеск воды. Володя понял это только тогда, когда поплыл вслед за Артуром к тому месту, где за секунду до этого показалась голова Вирджинии.

Володя плавал очень хорошо — и это было для него так же

легко и естественно, как дышать или ходить. Он никогда не уставал, нырял на дно в самых глубоких местах и, когда было нужно, мог плыть с необыкновенной быстротой. Но если бы в ту минуту он мог наблюдать и сравнивать, он убедился бы в громадном атлетическом превосходстве Артура, который с каждой секундой все дальше оставлял его за собой. Опять, уже совсем близко, показалась голова Вирджинии; резиновый чепчик она потеряла, и светлые ее волосы быстро ушли под воду. Володя нырнул и увидел два тела на большой глубине, почти у самого дна. Он поднялся наверх; Артур, глубоко погрузившись — видно было только его лицо, — плыл на спине, держа на груди Вирджинию, которая всхлипывала и задыхалась. Володя подплыл вплотную.

— À la brasse1, Володя, à la brasse, — сказал Артур. Володя поплыл à la brasse, Артур тоже, Вирджиния лежала на воде, положив руки на их плечи.

— Слава Богу, все кончилось, — сказал Артур. — Вы прекрасная утопленница.

— ...Что значит... прекрасная... утопленница? — прерывисто спросила Вирджиния.

— Это значит, что вам легко помогать и что вы хорошо себя ведете, — объяснил Артур. — Я однажды вытаскивал из воды одну старую англичанку, она расцарапала мне лицо и укусила меня за руку, и в моих интересах было бы держаться как можно дальше от нее, но это было невозможно, так как тогда она утонула бы. Потом уже, придя в себя окончательно, она написала мне письмо с благодарностью и приглашением прийти к ней в гости. Но я был так напуган, что не пошел.

— А я думаю, — сказал Володя, пуская ртом звучные пузыри по воде, — что все могло быть гораздо хуже. Представьте себе, Вирджиния, что вы бы тонули и не умели плавать; и что, кроме того, Артур не был бы таким Геркулесом и тоже не умел бы плавать, и я тоже. Это было бы действительно грустно.

133

Хоронили бы вас на английском кладбище, мы бы пришли в траурных костюмах, и Николаю, наверное, было бы очень скучно. А могли бы еще и тела не найти.

— А я думаю, — сказала окончательно оправившаяся Вирджиния, — что было бы, если бы мой beau frère[95] Володя был не глупым, а умным? Это невозможно себе представить.

— Все знают, что вы завидуете моему уму и элегантности, — хладнокровно сказал Володя.

— Николаю ни слова, — сказала Вирджиния.

— Подчиняюсь, — ответил Артур.

— А я нет, — сказал Володя. — Зачем я буду лгать? Сначала публично признайте, что я очень умен.

Несколько оживившаяся Одетт спросила Сережу:

— Скажите, мэтр, у вас еще остался ром?

— Вы могли в этом сомневаться?

— Ma foi, on ne sait jamais[96].

— Если бы вы лучше меня знали, вы бы не сделали такого предположения, — сказал Сережа. В Сережином запасе было еще около двух литров рома — на всякий случай.

— Я бы хотела одну рюмку.

— Mais ordonnez, madame[97].

Она выпила, однако, почти стакан и заставила выпить Сережу. Ей сразу стало тепло и приятно.

---

[95] деверь (фр.).

[96] Господи, да кто же знает (фр.).

[97] как прикажете, мадам (фр.).

— Оторваться от консоммации[98] ты не можешь, — сказал Николай, проходя мимо, — и еще эту бедную женщину накачиваешь, совести у тебя нет.

— Не твоя печаль, Коленька, — ответил Сережа.

Он поднялся и пошел с Одетт вслед за другими.

— Они идут слишком быстро, — сказала Одетт.

— Я тоже нахожу, что быстро. Вы знаете, после еды необходим ряд медленных движений.

— Ряд медленных движений, — повторила Одетт и засмеялась. — Non, mais vous êtes fou[99].

Они отставали все больше и больше. Лес рос вокруг них и казался бесконечным, тихий ветер плескался в деревьях. Желтый хвост белки мелькнул и скрылся вверху. Сережа вспомнил единственный литературный разговор, который у него был с Володей, когда Володя говорил ему:

— Да, я понимаю; для вас существует только чувственная прелесть мира.

— Чувственная прелесть мира... — думал теперь Сережа. Он держал под руку Одетт, на ней было легкое платье, под ним купальный костюм. Деревья были бесчисленны, воздух почти безмолвен. Чувственная прелесть мира... — Le charme sensuel du monde[100], — пробормотал он по-французски.

— Vous en savez quelque chose?[101] — спросила Одетт голосом, который вдруг стал далеким.

Сережа наконец понял. Он мог бы понять это давно, Одетт

---

[98] Консоммация; от фр. consommation — потребление.
[99] Нет, но вы с ума сошли (фр.).
[100] Чувственное очарование мира (фр.).
[101] Вам об этом кое-что известно? (фр.)

удивлялась медленности его рефлексов и приписывала это его славянской лени. И поняв, он приблизил ее изменившееся лицо с полураскрытыми губами. Одетт была совершенно довольна: еще раз дорога, еще раз route de Fontainebleau не обманула ее ожиданий.

Это был бесконечный сверкающий день неустанного солнечного блеска, множества легких запахов летней благодатной земли, сменявшихся деревьев, крепких зеленых листьев, лепетавших под ветром; и Володе казалось, что это слишком прекрасно и не может продолжаться; но солнце все так же скользило в далекой синеве, все так же летел ветер и шумели деревья, и все это бесконечно длилось и двигалось вокруг него. Они прошли много километров, поднимались и спускались по течению реки; были на острове, точно занесенном сюда из детских немецких сказок — с омутом, и стрекозами, и громадными желтыми цветами; было так тихо на этом острове, что Володе казалось — слышно, как звенит раскаленный солнечный воздух от быстрого дрожания синевато-прозрачных крыльев стрекоз.

* * *

Поезд отошел в одиннадцать часов вечера. Весь день было облачно и душно; в час отъезда шел сильный дождь. В домах парижских пригородов кое-где горели огни, и в пролетавших освещенных окнах скрывались столы, люстры, широкие кровати и головы людей, которых нельзя было успеть рассмотреть. Володя стоял у открытого окна и думал сразу о многих вещах; и так же, как нельзя было рассмотреть человеческие лица в квартирах, так нельзя было остановиться на какой-нибудь одной мысли — они сливались и исчезали вместе с шумом поезда. Но вот уже эхо, отражавшееся как бегущий свет на стенах зданий, заборах, ангарах и пакгаузах, стало стихать, покатились темные пространства полей; и вместе с уменьшением этого шума, все мешавшего Володе сосредоточиться, все стало тише и медленнее.

136

Четверть часа тому назад Париж так же ушел от него, как перед этим уходили Вена, Прага, Константинополь. Было нечто похожее на провал в самую далекую глубину памяти в этом быстром и безмолвном поглощении тьмой громадных городов, тонущих в уходящей ночи. Казалось невероятным, что в эту минуту, когда он находится здесь, на кушетке вагона, идущего со скоростью семидесяти километров в час, — там, в Париже, неподвижно стоят деревья, бульвары, улицы, дома; и все повторялось привычное видение того, как однажды, в смертельном и чудовищном сне, вдруг сдвинется и поплывет с последним грохотом вся громадная каменная масса, увлекая за собой миллионы человеческих существований.

Еще с того вечера, когда автомобиль Николая чуть не наехал на него, Володя знал, что еще немного, может быть, несколько дней, и опять будут поезд, вокзалы, пристани, особенно и непохоже ни на что звучащие голоса на ночных остановках и все та же, поездная, проезжая, жизнь, где нет ни привязанности, ни любви, ни потерь, ни обязательств — только воспоминания и поезда. Не все ли равно, куда ехать? На этот раз он должен был остановиться в Александрии, Каире и Багдаде, где находились отделения автомобильного агентства Николая. Поездка должна была занять несколько месяцев; что произойдет потом, Володя не знал.

Его провожали на вокзал Вирджиния, Николай, Артур и Виктория, Володя махал платком, все было, как полагается при всех отъездах. Одного только Александра Александровича Володе не пришлось повидать; когда после пикника он пришел к нему на квартиру, ему сказали, что Александр Александрович уехал на юг. По-видимому, решение это было принято внезапно и Володю даже не успели предупредить.

Последний день он провел в хлопотах о визе, в поездках по консульствам, в покупках и вернулся домой только к обеду. Николай передал ему три письма. Володя сунул их в карман не читая. Теперь он вспомнил о них, распечатал первое, почти не глядя на конверт, прочел несколько строк — и вдруг непоправимая смертельная тоска остановила его.

«Мой дорогой друг, — писала Андрэ, — Александра больше нет. Он умер вчера от кровоизлияния в легких, и я не могу вам сказать, какая это безмерная потеря...»

Александр Александрович! Володя повторял эти слова, не будучи в состоянии что-либо другое сказать или подумать, — потому что не оставалось ничего, ни мыслей, ни воспоминаний, — только слезы и задыхающееся сожаление о последнем путешествии, сквозь которое сейчас проходил поезд, гремя и исчезая навсегда в стремительно несущейся тьме.